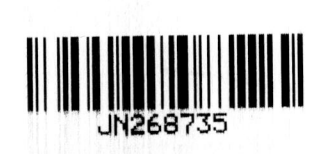

年齢別声域配慮版

こどものうた12か月

井上勝義・編著

はじめに

子どもたちとピアノの前に座るとき、わたしはいかに短い時間で彼らとシンクロできるかを真剣に目ざします。エネルギーそのものである彼らと同じビートで弾み、感じ合える瞬間を目ざします。そこにすばらしい音楽があるとき、保育者が完全な音楽環境と化したとき、彼らは解き放たれて、瞳《ひとみ》がキラキラと輝きます。その瞳《ひとみ》が見たい！　保育者にだけ与えられた至福のときです。例えば、なりたての医師にメスを入れられることを望む人はいないように、保育者になった人たちにも不断の研鑽《けんさん》と修練は必要です。練習したくても、いい楽譜がなければ道は見えません。この楽譜は、それを望む方への道しるべです。ぜひこの楽譜集を習熟して、真《しん》を打っていただきたい。史記にいわく、「燕雀《えんじゃく》、いずくんぞ鴻鵠《こうこく》の志を知らんや」：ツバメやスズメは、どうして空高く飛ぶオオトリの志がわかろうかというたとえです。「弾くと言っても、いろいろありますよ」と申し上げておきます、輝く瞳《ひとみ》を目ざして。

井上勝義

もくじ

せんせいと おともだち

●作詞／吉岡　治　●作曲／越部信義　●編曲／井上勝義

おつかいありさん

●作詞／関根栄一　●作曲／團 伊玖磨　●編曲／井上勝義

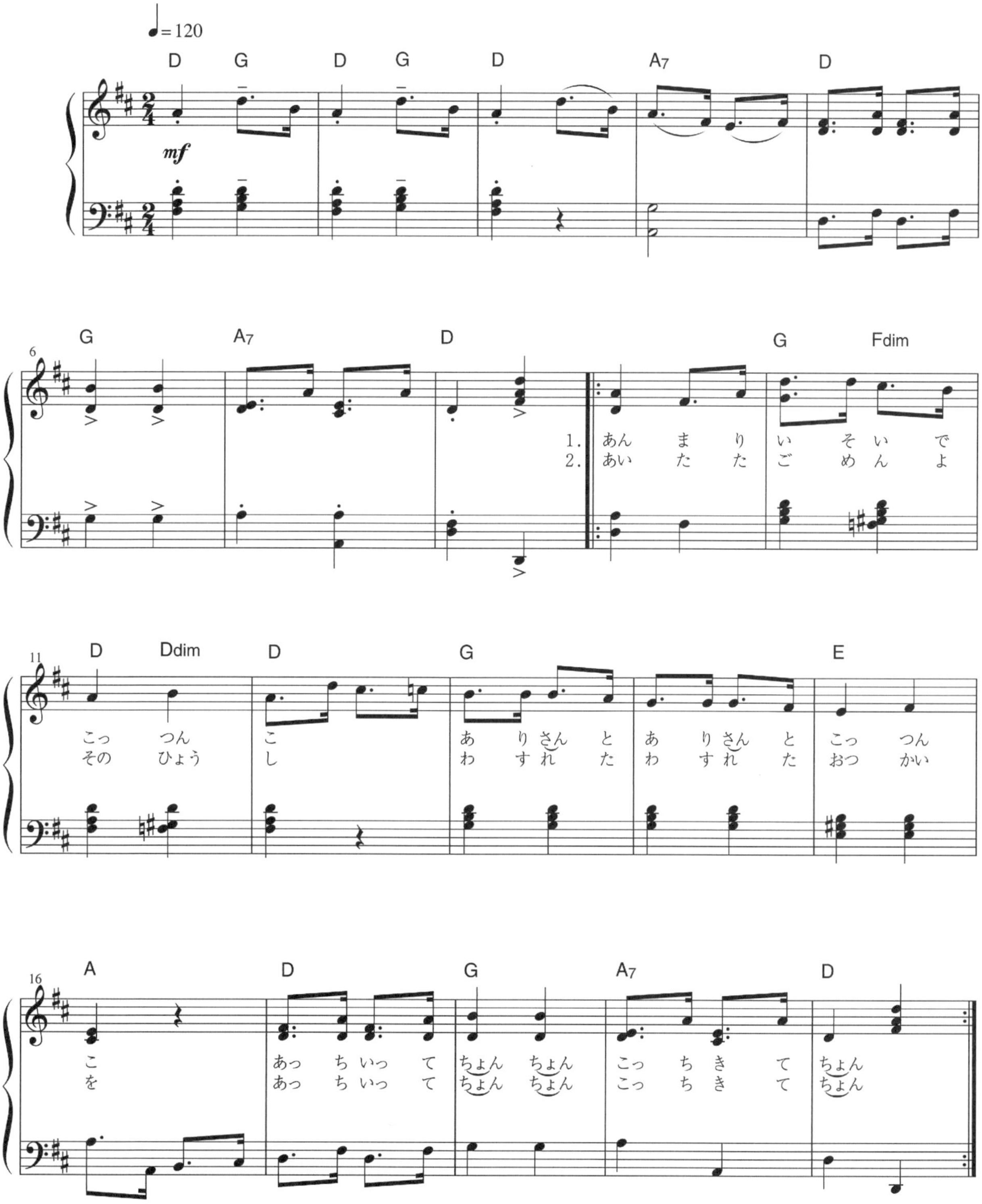
1. あんまりいそいで こっつんこ ありさんと ありさんと こっつんこ あっちいって ちょんちょん こっちきて ちょん
2. あいたたごめんよ そのひょうし わすれた わすれた おつかいを あっちいって ちょんちょん こっちきて ちょん

めだかの がっこう

●作詞／茶木　滋　●作曲／中田喜直　●編曲／井上勝義

♩= 108 あかるくげんきに うつくしく
mp
1. めだかの がっこうは かわのなか
2. めだかの がっこうの めだかたち
3. めだかの がっこうは うれしそう
そーっとのぞいて みてごらん そーっとのぞいて みてごらん
だれがせいとか せんせいか だれがせいとか せんせいか
みずにながれて つーーいつい みずにながれて つーーいつい
みんなでおゆうぎ しているよ
みんなでげんきに あそんでる
みんなでそろって つーいつい

てを たたきましょう

●作詞／小林純一　●外国曲

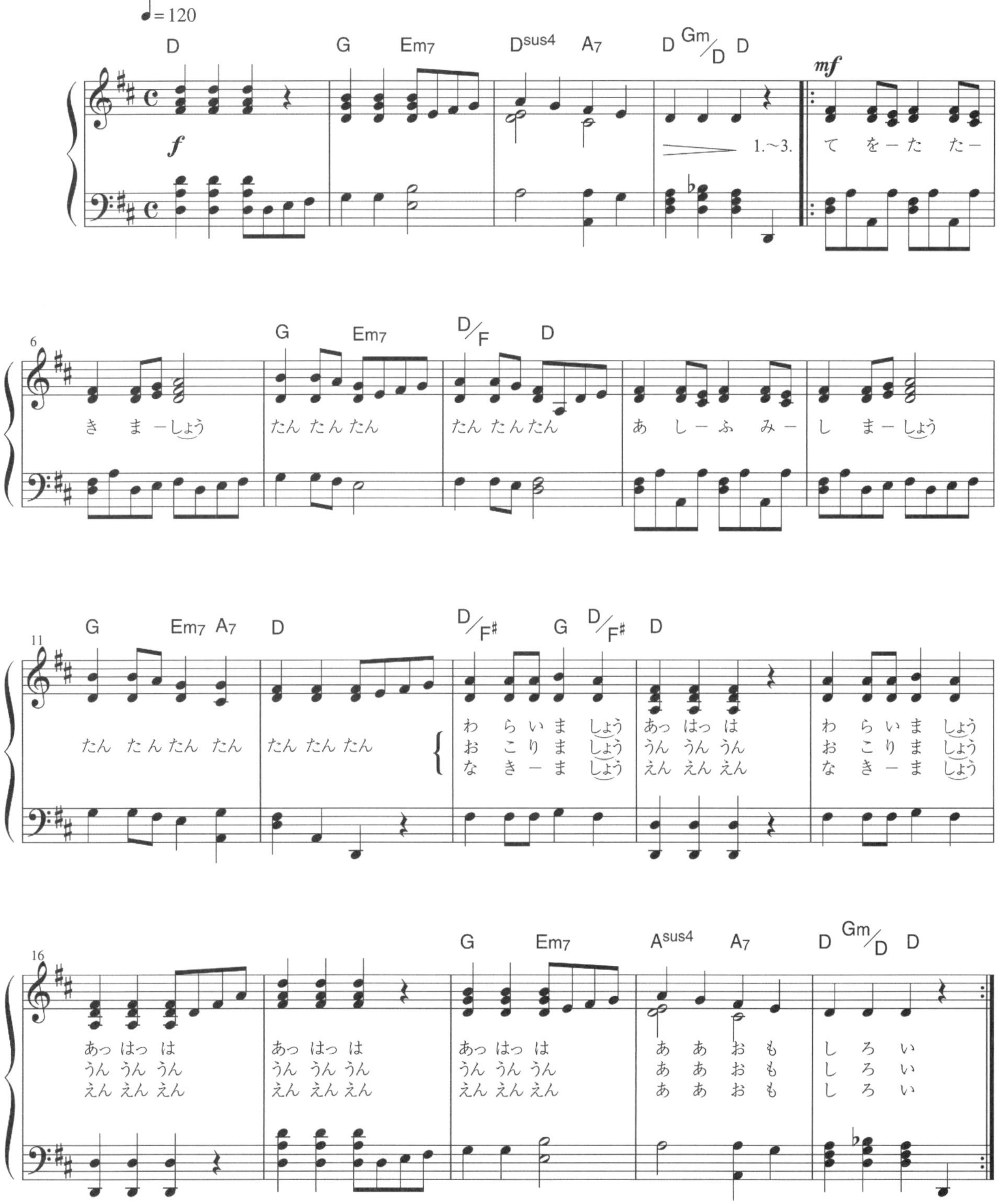

ぶんぶんぶん

●作詞／村野四郎　●ボヘミア民謡　●編曲／井上勝義

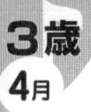

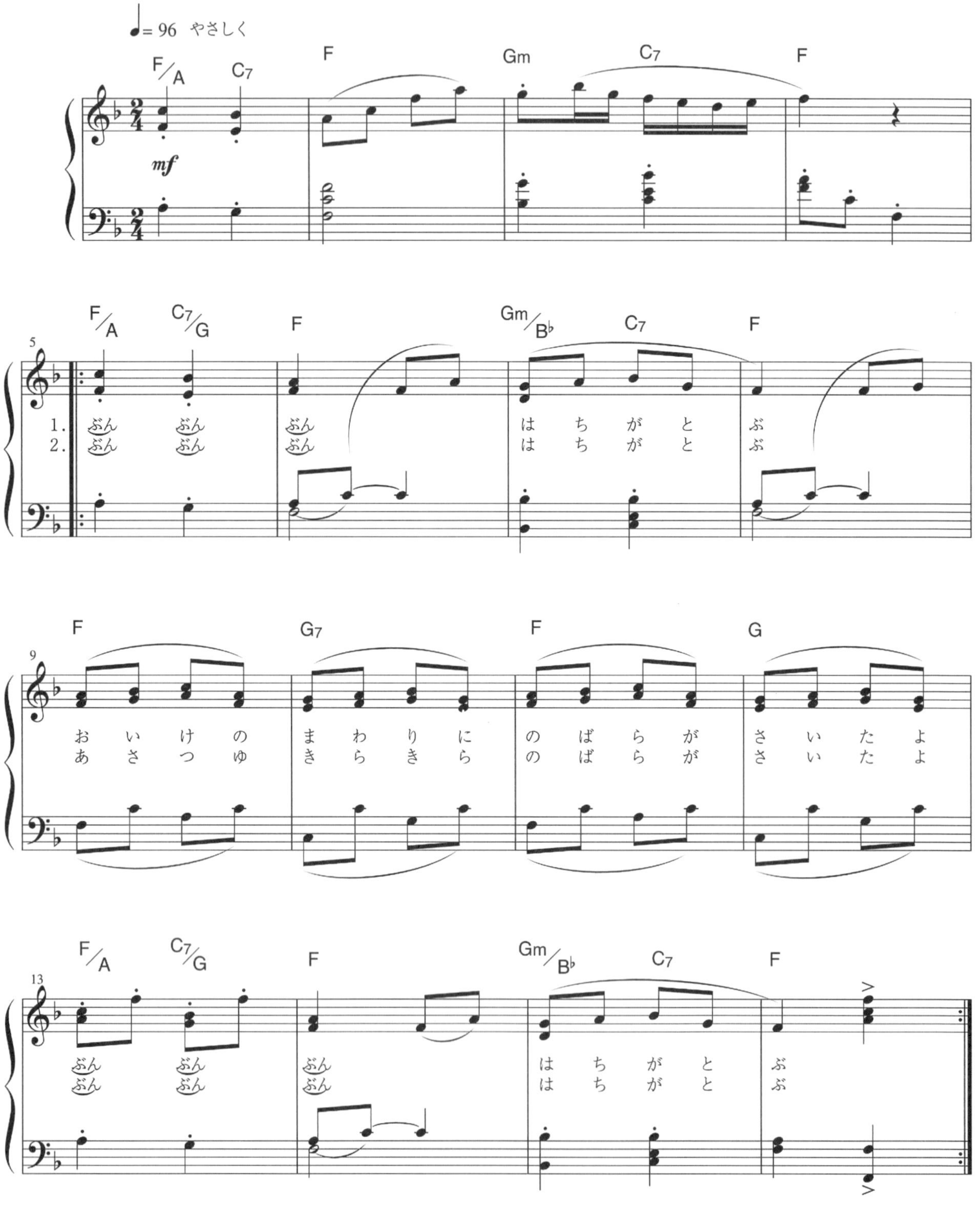
♩= 96 やさしく
F/A C7 F Gm C7 F
mf
F/A C7/G F Gm/B♭ C7 F
1. ぶん ぶん ぶん は ち が と ぶ
2. ぶん ぶん ぶん は ち が と ぶ
F G7 F G
お い け の ま わ り に の ば ら が さ い た よ
あ さ つ ゆ き ら き ら の ば ら が さ い た よ
F/A C7/G F Gm/B♭ C7 F
ぶん ぶん ぶん は ち が と ぶ
ぶん ぶん ぶん は ち が と ぶ

おかあさん

●作詞／田中ナナ　●作曲／中田喜直　●編曲／井上勝義

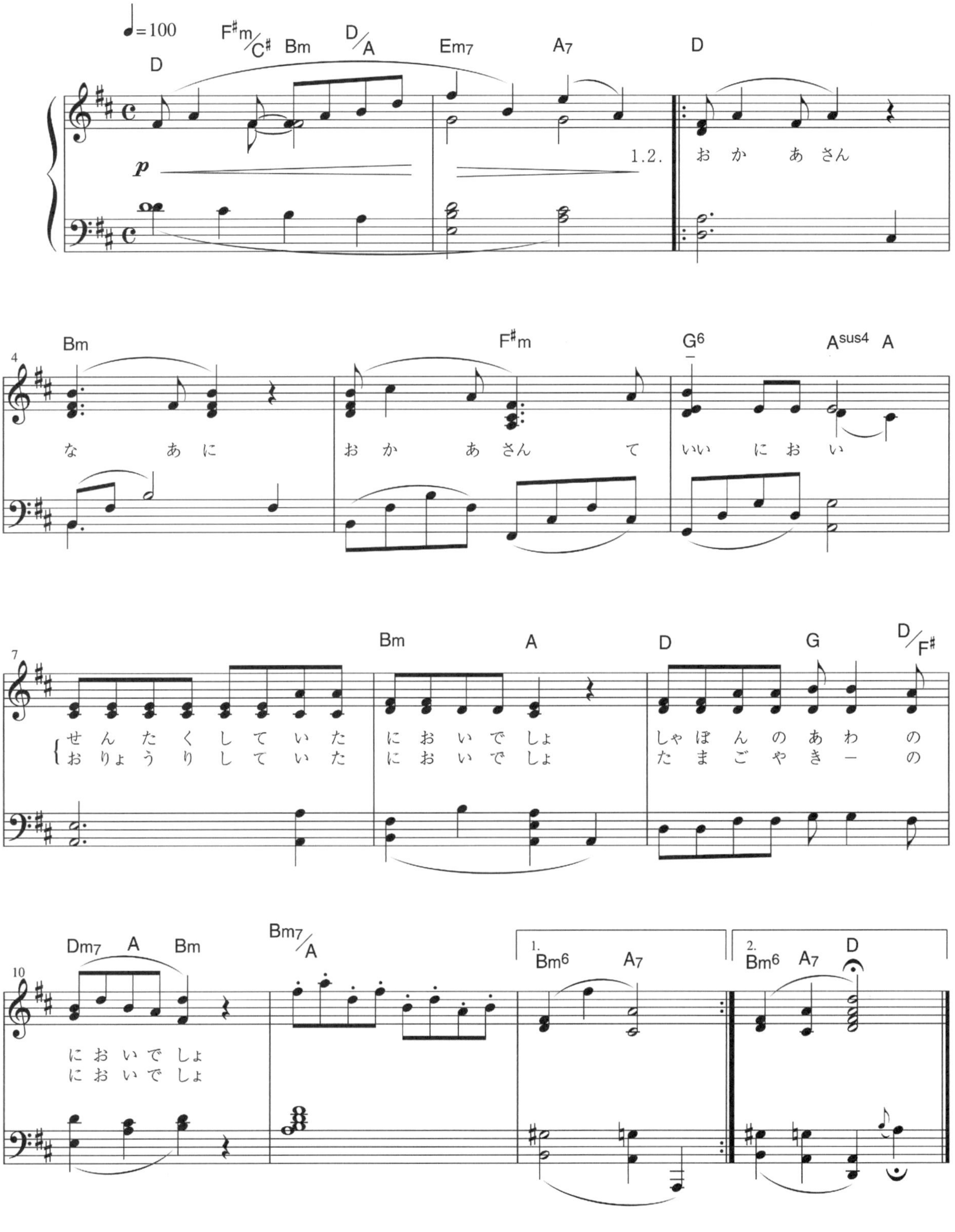
♩=100
p
1.2.
おかあさん なあに
おかあさんて いいにおい
せんたくしていた においでしょ
おりょうりしていた においでしょ
しゃぼんのあわの においでしょ
たまごやきーの においでしょ

いちご

●作詞／飯島敏子　●作曲／樋口昌道　●編曲／井上勝義

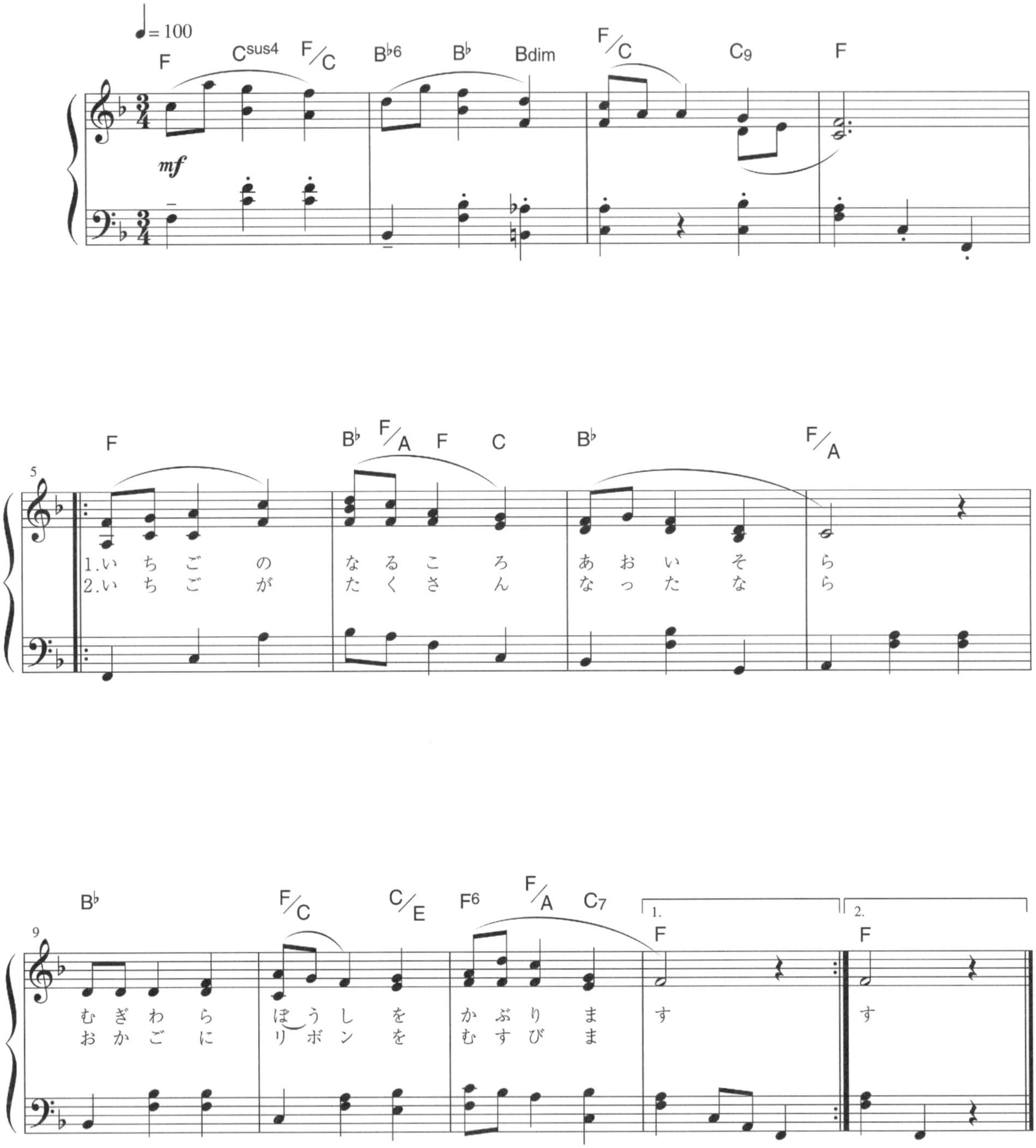
♩=100
F Csus4 F/C B♭6 B♭ Bdim F/C C9 F
mf
F B♭ F/A F C B♭ F/A
1.い ち ご の な る こ ろ あ お い そ ら
2.い ち ご が た く さ ん な っ た な ら
B♭ F/C C/E F6 F/A C7 1. F 2. F
む ぎ わ ら ぼ う し を か ぶ り ま す す
お か ご に リ ボ ン を む す び ま

ありさんの おはなし

●作詞／都築益世　●作曲／渡辺　茂　●編曲／井上勝義

♩=120
F C7 F
mf
1. ありさんの
2. ありさんの
6
Gm/B♭ C7 F Gm7/F F Gm7/F F C C9 C7
おはなし きいたか ね ちいさな こえだが きこえた
おはなし きいたか ね ないしょの こえだが きこえた
12
F F/A Dm C F
よ おいしい おかしを みつけた よ
よ おおきな もものみ みつけた よ
17
C F C C9 C7 1. F 2. F
となりの おうちの おにわだ よ こ
みんなで なかよく たべにい よ

てんとうむしの たび

●作詞／あまんきみこ　●作曲／小谷　肇　●編曲／井上勝義

♩=100
C　F　D7　G7　C
mp
mf
1.2.
てん とうむ しが
C9
Dm　E♭dim　Em　Dm　G　C　Dm　G7
いい ました
うまれて はじめて
みたそら は
みたくも は
あんなにあおい
あんなにひかる
あんなにあ お
あんなにひ か
1.　2.
C　C　C7　F　E♭dim　Em　A7　Dm　G7
い
る
てん とう むしよ
きをつけて
とお くへ
Em　A7　Dm　G　G7　C　C　Am　C　A♭　Fm6　C
とお くへ
と んでい け

こいのぼり

●作詞／近藤宮子　●作曲／無名著作物　●編曲／井上勝義

♩=108
D　G　Fdim　D/F♯　Bm6　A7　D　D　Em7/G　D/F♯　G6
mf　mp
やねより
D　G　D/F♯　D　E7　A7　D　G　D/F♯　D
たかい　こいのぼーり　おおきい　まごいは
A7　D　D7　G　Em7　D/F♯　D　A　Bm
mf
おとうさん　ちいさい　ひごいは　こどもたー
A7　D　G　Ddim/F　D/F♯　Bm6/F♯　A7　D
ち　おもしろそうに　およいでる

とけいの うた

●作詞／筒井啓介　●作曲／村上太郎　●編曲／井上勝義

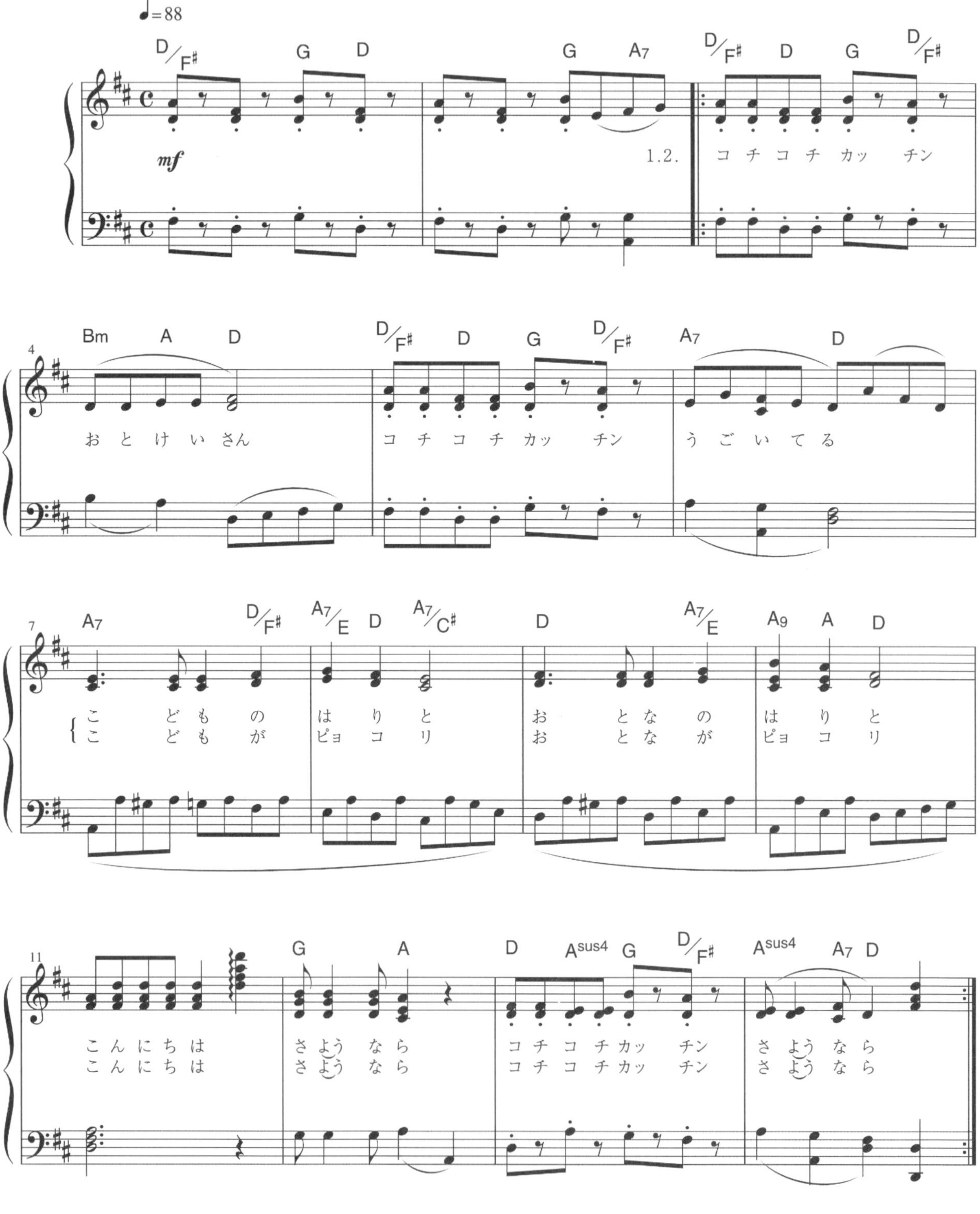
1.2.
コ チ コ チ カッ チン
お と け い さん
コ チ コ チ カッ チン
う ご い て る
こ ど も の は り と
こ ど も が ピョ コ リ
お と な の は り と
お と な が ピョ コ リ
こ ん に ち は
こ ん に ち は
さ よう な ら
さ よう な ら
コ チ コ チ カッ チン
コ チ コ チ カッ チン
さ よう な ら
さ よう な ら

おとうさん

●作詞／古田花子　●作曲／原　賢一　●編曲／井上勝義

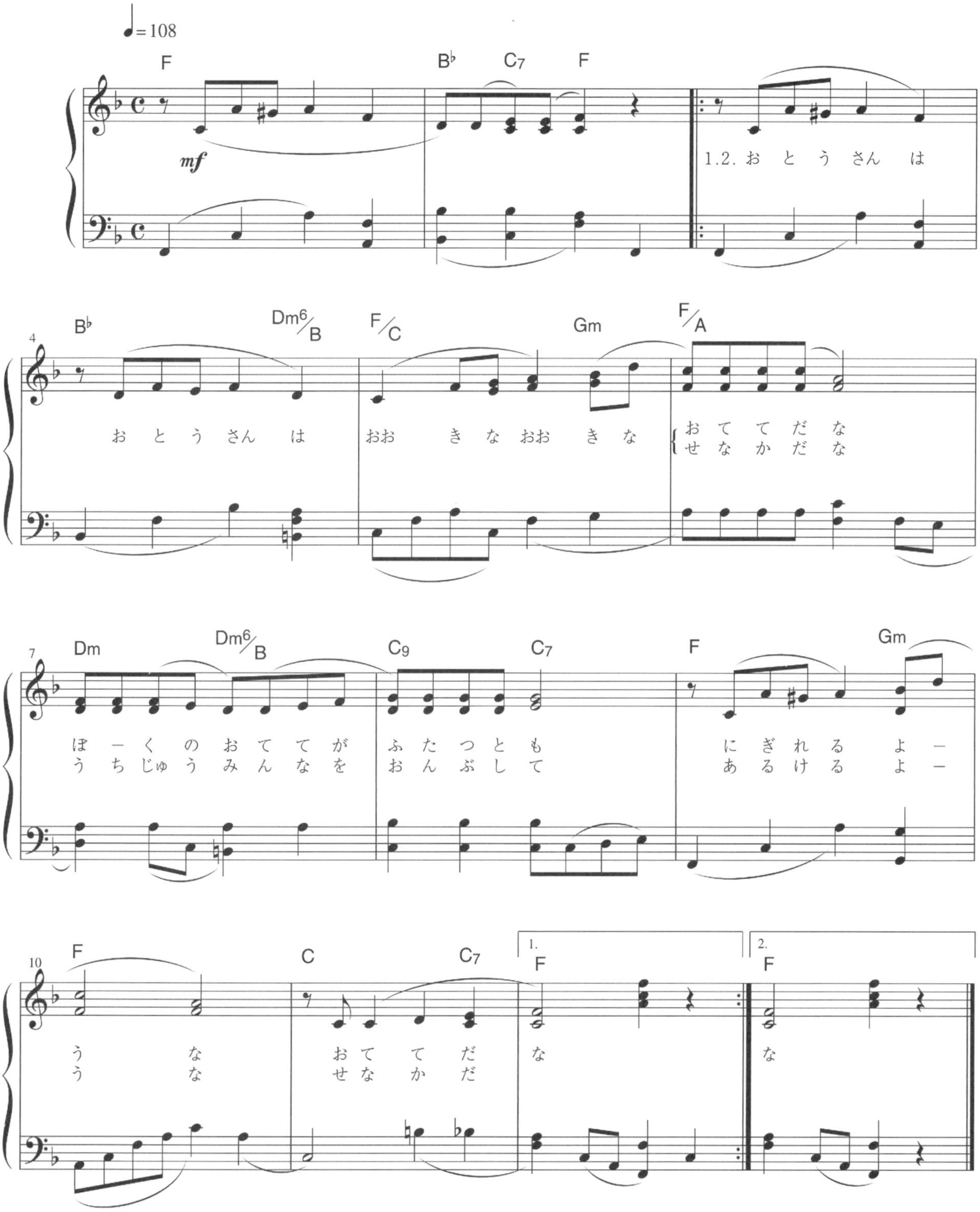
♩=108
F B♭ C7 F
mf
1.2. おとうさんは
B♭ Dm6/B F/C Gm F/A
おとうさんは おおきなおおきな
おててだな
せなかだな
Dm Dm6/B C9 C7 F Gm
ぼーくのおててが ふたつとも にぎれるよー
うちじゅうみんなを おんぶして あるけるよー
F C C7 1. F 2. F
う な おててだ な な
う な せなかだ

かえるの がっしょう

●作詞／岡本敏明　●ドイツ曲　●編曲／井上勝義

♩=120
D Em7/D D G/D D A7 D
D Em7/D D G/D D Em7/D D D Em7/D D G/D D Em7/D D
か え る の う た が き こ え て く る よ
D Em7/D D G/D D A7 D
クワッ クワッ クワッ クワッ ケ ケ ケ ケ ケ ケ ケ ケ クワッ クワッ クワッ

あめふり

●作詞／北原白秋　●作曲／中山晋平　●編曲／井上勝義

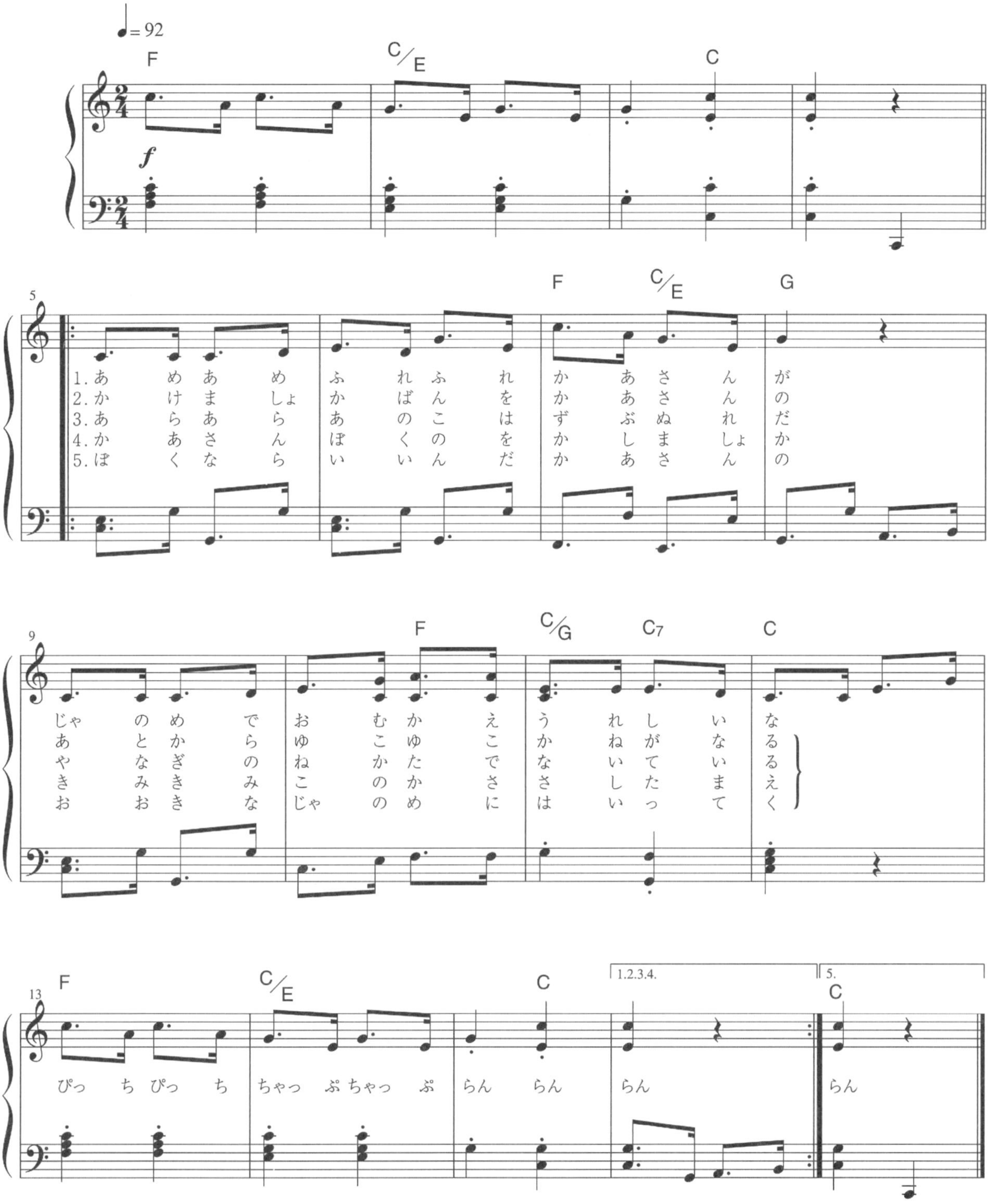
♩= 92
F　C/E　C
F　C/E　G
1.あめあめ　ふれふれ　かあさんが
2.かけましょ　かばんを　かあさんの
3.あらあら　あのこは　ずぶぬれだ
4.かあさん　ぼくのを　かしましょか
5.ぼくなら　いいんだ　かあさんの
F　C/G　C7　C
じゃのめで　おむかえ　うれしいな
あとから　ゆこゆこ　かねがなる
やなぎの　ねかたで　ないている
きみきみ　このかさ　さしたまえ
おおきな　じゃのめに　はいってく
F　C/E　C　1.2.3.4.　5.　C
ぴっちぴっち　ちゃっぷちゃっぷ　らんらん　らん　らん

かたつむり

●文部省唱歌　●編曲／井上勝義

たなばたさま

●作詞／権藤花代・林　柳波　●作曲／下総皖一　●編曲／井上勝義

♩=100
G9 G7 C6 C Em6/C♯ G/D D9 G
mf
D/A G
1. さ さ の は さ ら さ ら の き ば に
2. ご し き の た ん ざ く わ た し が
Em Em6/C♯ D7 G9 G7 C6 C Em6/C♯
3 3
ゆ れ る お ほ し さ ま き ら き ら
か い た お ほ し さ ま き ら き ら
1. 2.
G/D D9 G D9 G
き ん ぎ ん す な ご み て る
そ ら か ら

うみ

●作詞／林　柳波　●作曲／井上武士　●編曲／井上勝義

♩= 88
G　G7　C　G/D　D7　G
mf
C6　C　G/B　Em　C♯dim
D　f　G　F/A　G/B
C　mf　D7/C　1.2.　G　3.　G
1.うみは ひろいな おおきいな のぼるし つきが ひがしずむ
2.うみは おおなみ あおいなみ ゆれて どこまで つづくやら
3.うみに おふねを うかばして いって みたいな よそのくに

なみと かいがら

●作詞／まど みちお　●作曲／中田喜直　●編曲／井上勝義

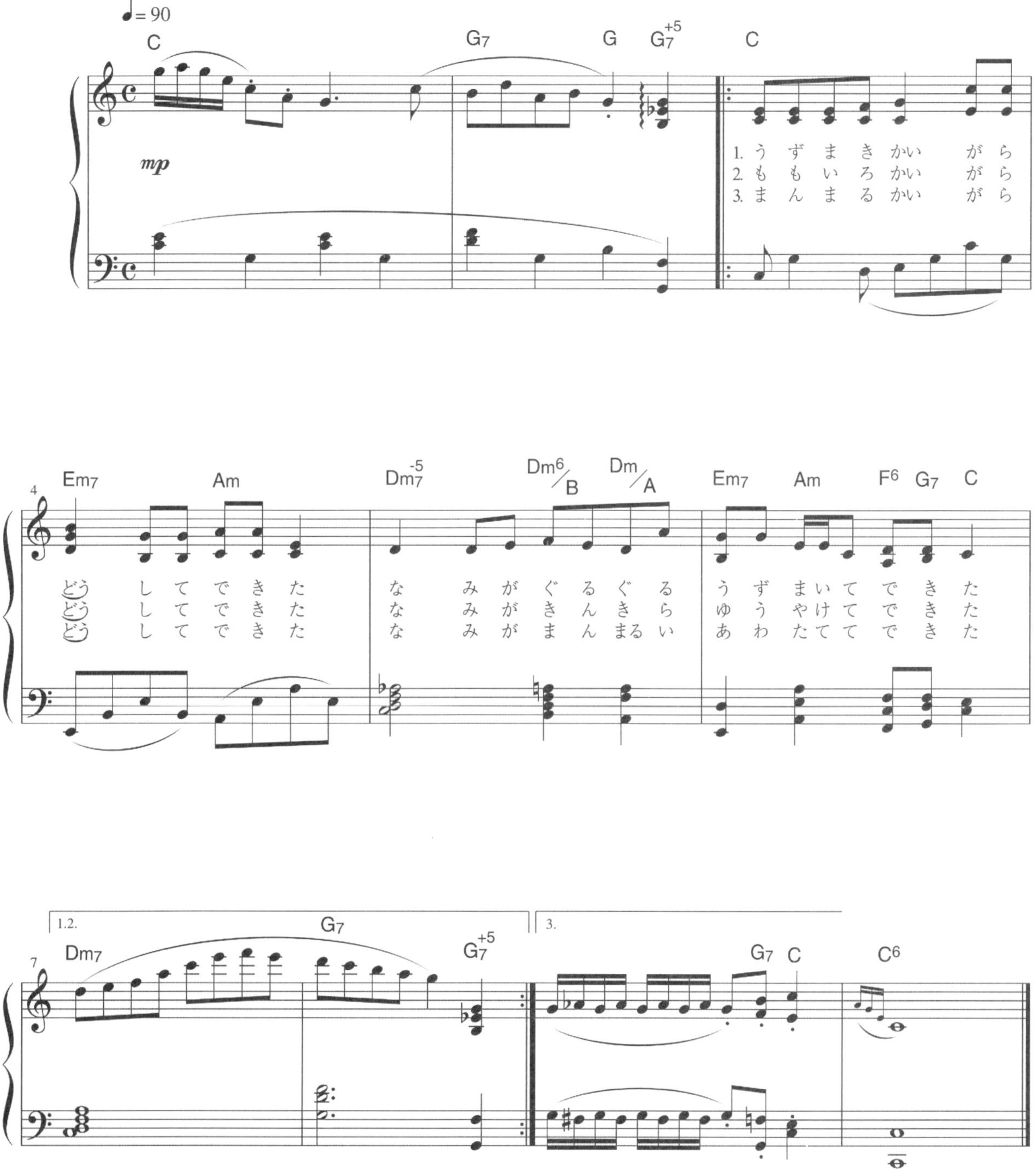
♩= 90
C
G7
G
G7+5
C
mp
1. うずまきかいがら どうしてできた なみがぐるぐる うずまいてできた
2. ももいろかいがら どうしてできた なみがきんきら ゆうやけてできた
3. まんまるかいがら どうしてできた なみがまんまるい あわたてできた
4
Em7
Am
Dm7-5
Dm6/B
Dm/A
Em7
Am
F6
G7
C
1.2.
3.
7
Dm7
G7
G7+5
G7
C
C6

みずあそび

●作詞／東　くめ　●作曲／滝 廉太郎　●編曲／井上勝義

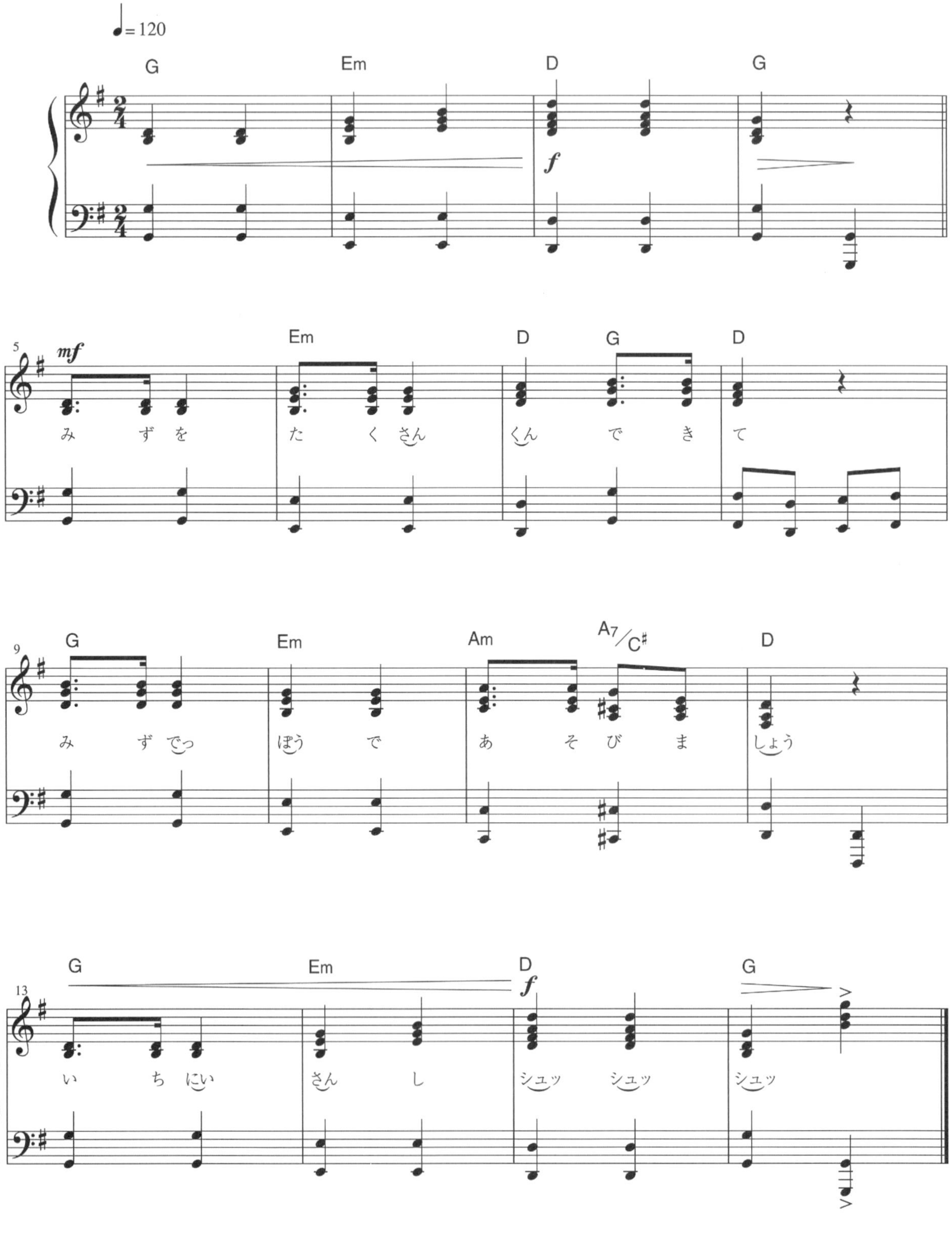
♩= 120
G Em D G
f
5
mf
Em D G D
み ず を た く さん くん で き て
9
G Em Am A7/C♯ D
み ず でっ ぽう で あ そ び ま しょう
13
G Em D G
f
い ち にい さん し シュッ シュッ シュッ

アイスクリーム

●作詞／田中ナナ　●作曲／岩河三郎　●編曲／井上勝義

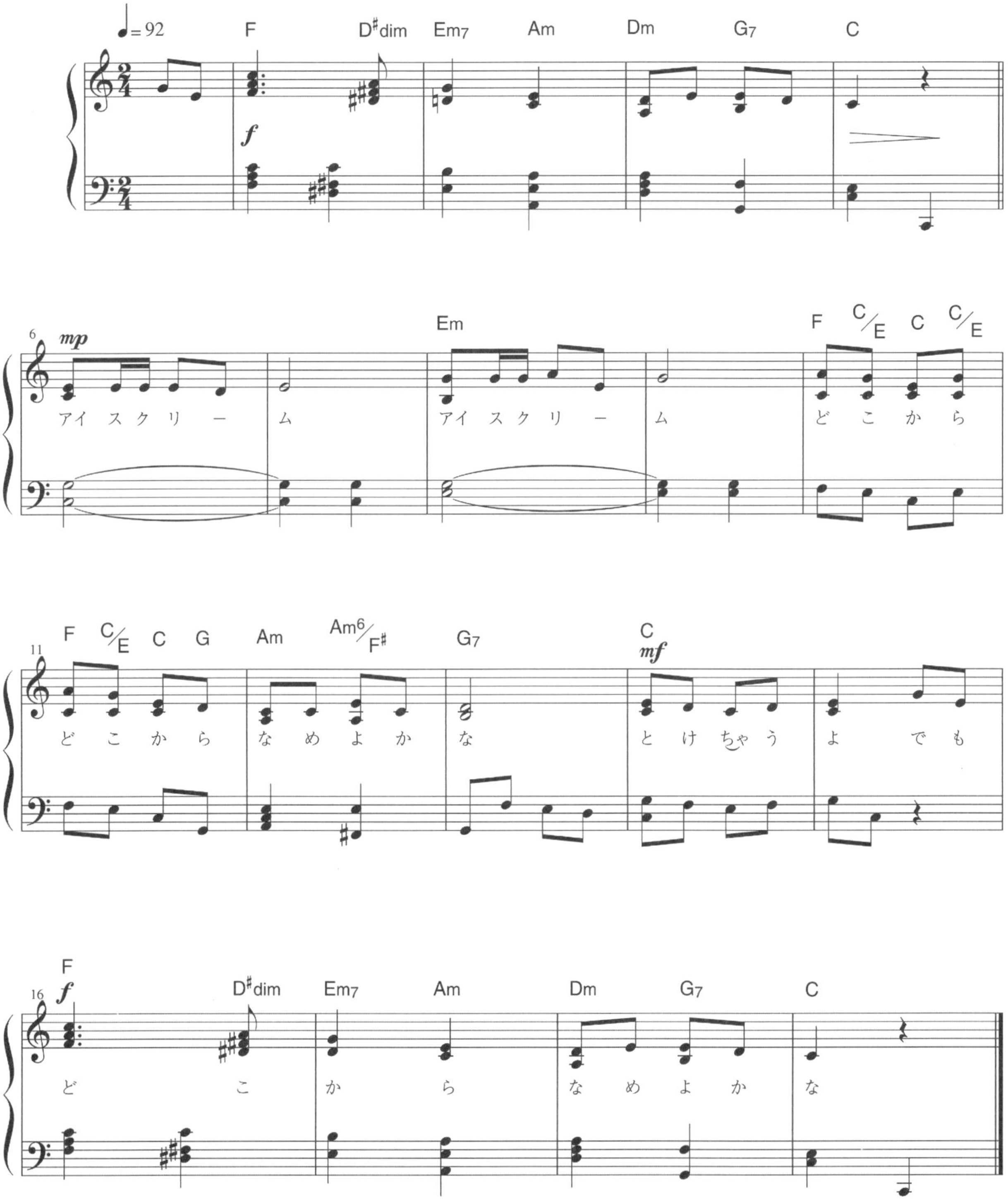
♩=92
F D♯dim Em7 Am Dm G7 C
f
6
mp
Em F C/E C C/E
アイ ス ク リ ー ム アイ ス ク リ ー ム ど こ か ら
11
F C/E C G Am Am6/F♯ G7 C
mf
ど こ か ら な め よ か な と け ちゃ う よ で も
16
F D♯dim Em7 Am Dm G7 C
f
ど こ か ら な め よ か な

きんぎょの ひるね

●作詞／鹿島鳴秋　●作曲／弘田龍太郎　●編曲／井上勝義

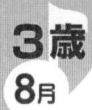

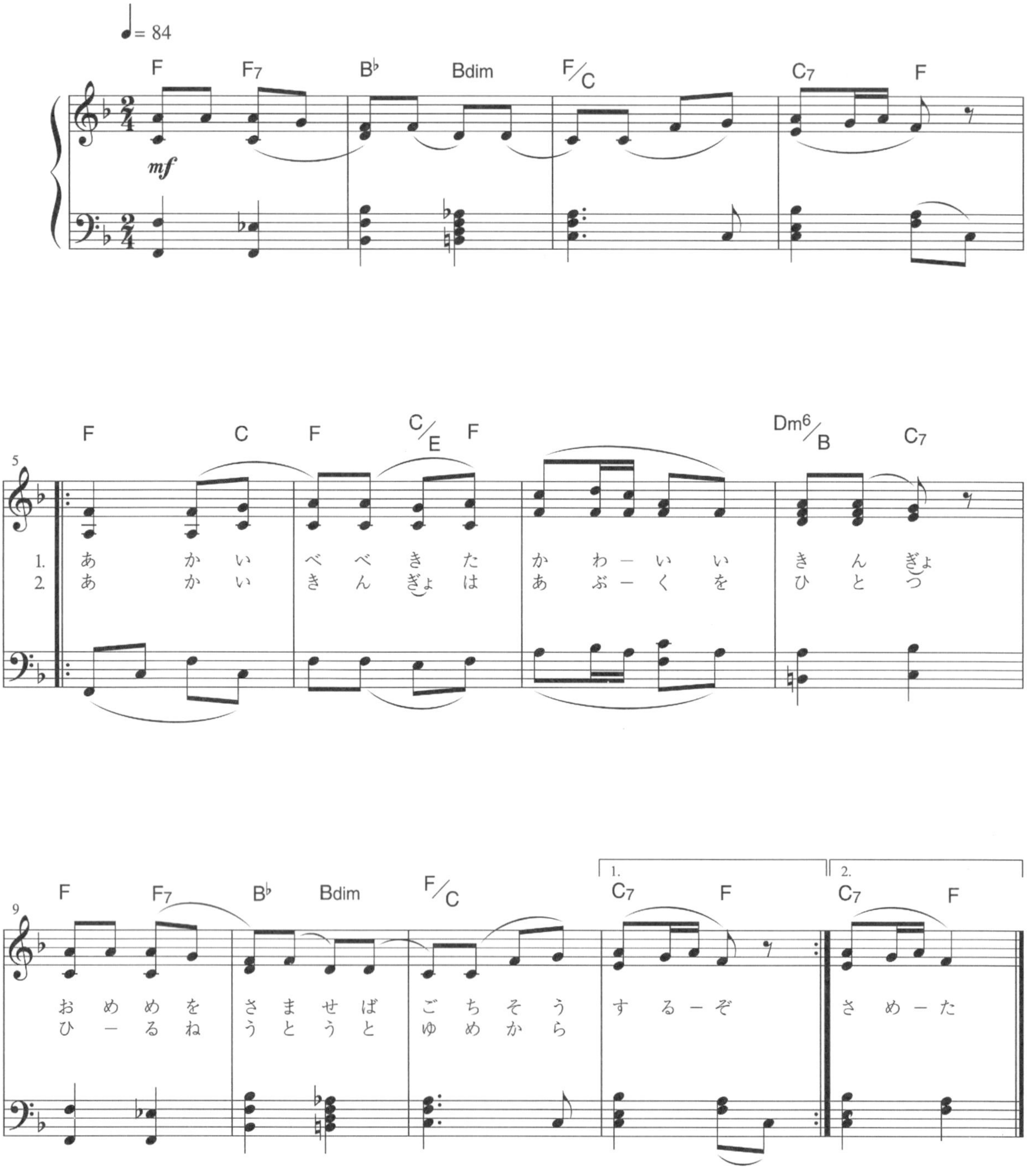
♩= 84
F F7 B♭ Bdim F/C C7 F
mf
F C F C/E F Dm6/B C7
1. あ か い べ べ き た か わ ー い い き ん ぎょ
2. あ か い き ん ぎょ は あ ぶ ー く を ひ と つ
F F7 B♭ Bdim F/C
1. C7 F
2. C7 F
お め め を さ ま せ ば ご ち そ う す る ー ぞ さ め ー た
ひ ー る ね う と う と ゆ め か ら

ゆりかごの うた

●作詞／北原白秋　●作曲／草川　信　●編曲／井上勝義

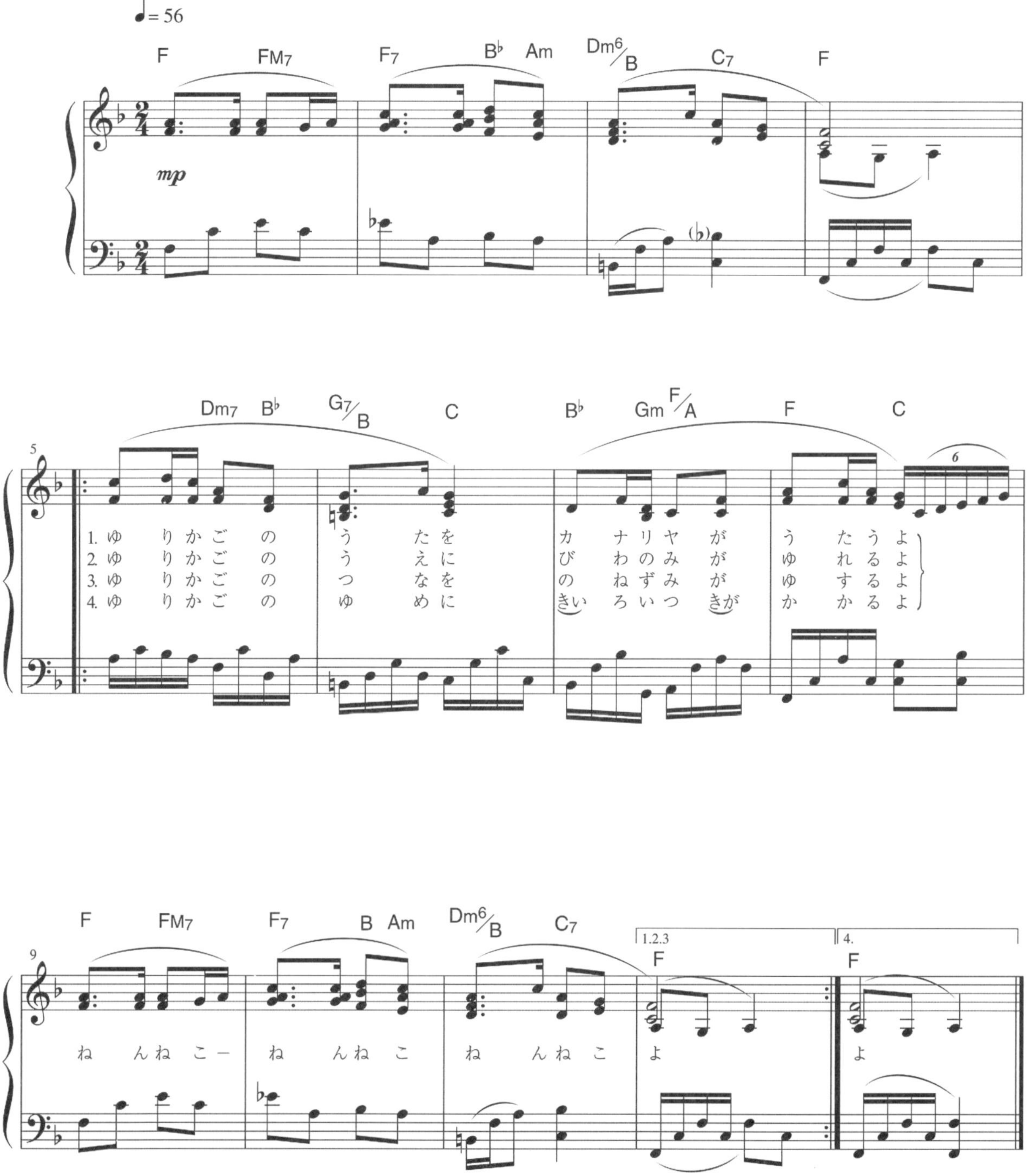
♩= 56
F FM7 F7 B♭ Am Dm6/B C7 F
mp
Dm7 B♭ G7/B C B♭ Gm F/A F C
1. ゆ り か ご の う た を カ ナ リ ヤ が う た う よ
2. ゆ り か ご の う え に び わ の み が ゆ れ る よ
3. ゆ り か ご の つ な を の ね ず み が ゆ す る よ
4. ゆ り か ご の ゆ め に き い ろ い つ き が か か る よ
F FM7 F7 B Am Dm6/B C7
1.2.3 F
4. F
ね ん ね こ ー ね ん ね こ ね ん ね こ よ
よ

アイアイ

●作詞／相田裕美　●作曲／宇野誠一郎　●編曲／井上勝義

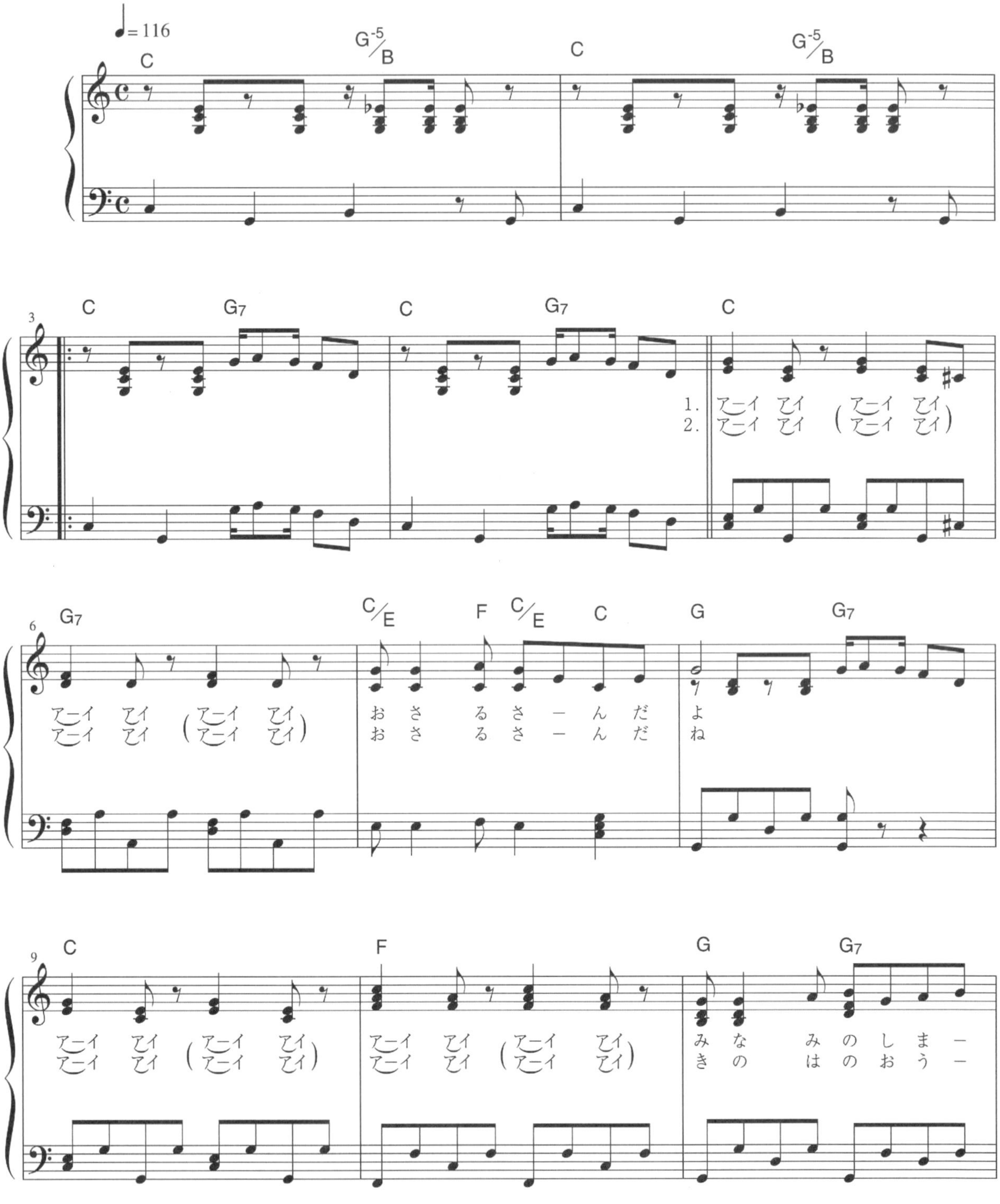
1. アーイ アイ （アーイ アイ）
2. アーイ アイ （アーイ アイ）
アーイ アイ （アーイ アイ）
アーイ アイ （アーイ アイ）
お さ る さ ー ん だ よ
お さ る さ ー ん だ ね
アーイ アイ （アーイ アイ）
アーイ アイ （アーイ アイ）
アーイ アイ （アーイ アイ）
アーイ アイ （アーイ アイ）
み な み の し ま ー
き の は の お う ー

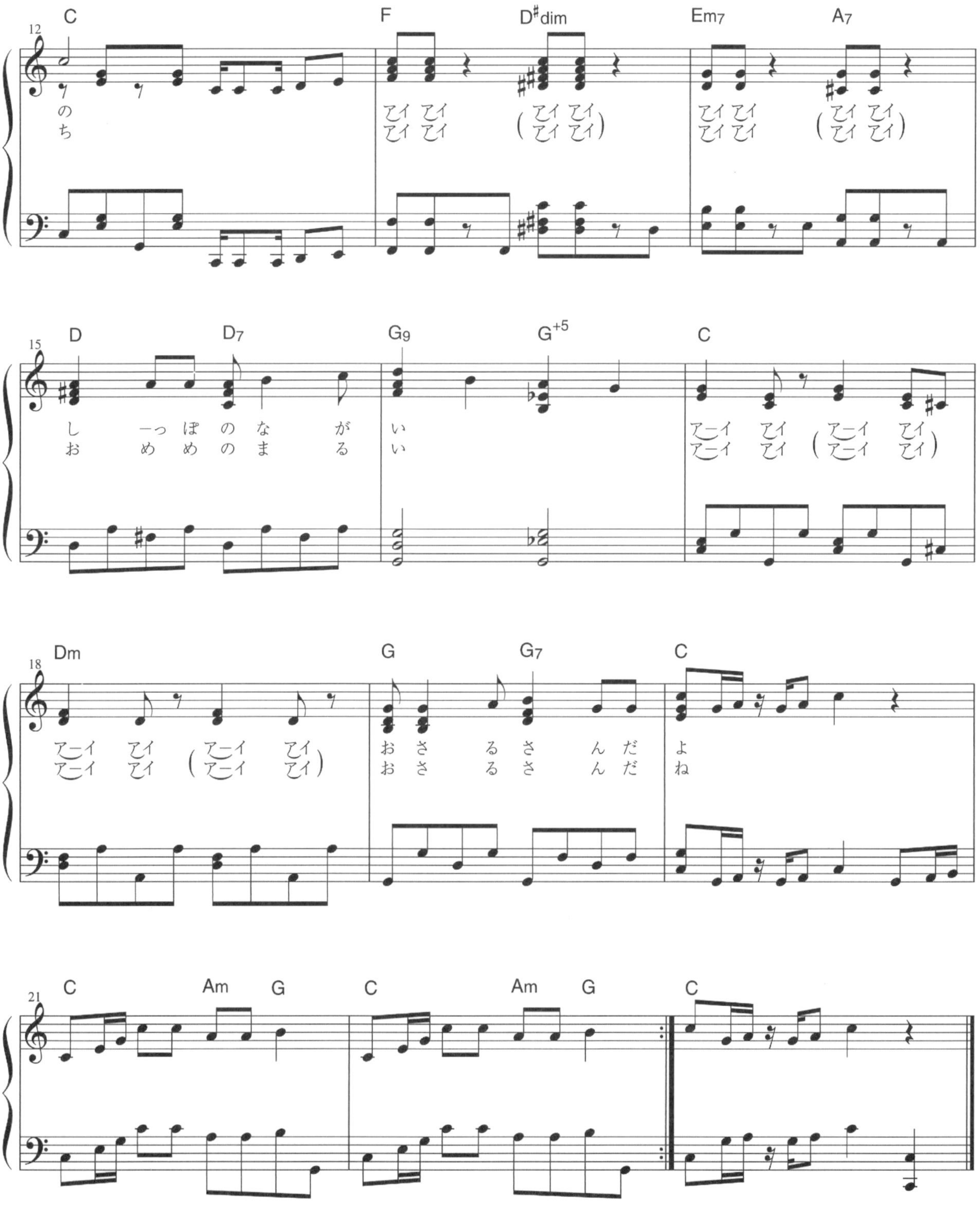
C F D#dim Em7 A7
12
の アイ アイ (アイ アイ) アイ アイ (アイ アイ)
ち アイ アイ (アイ アイ) アイ アイ (アイ アイ)
D D7 G9 G+5 C
15
し 一っ ぽ の な が い アーイ アイ (アーイ アイ)
お め め の ま る い アーイ アイ (アーイ アイ)
Dm G G7 C
18
アーイ アイ (アーイ アイ) お さ る さ ん だ よ
アーイ アイ (アーイ アイ) お さ る さ ん だ ね
C Am G C Am G C
21

トマト

●作詞／荘司　武　●作曲／大中　恩　●編曲／井上勝義

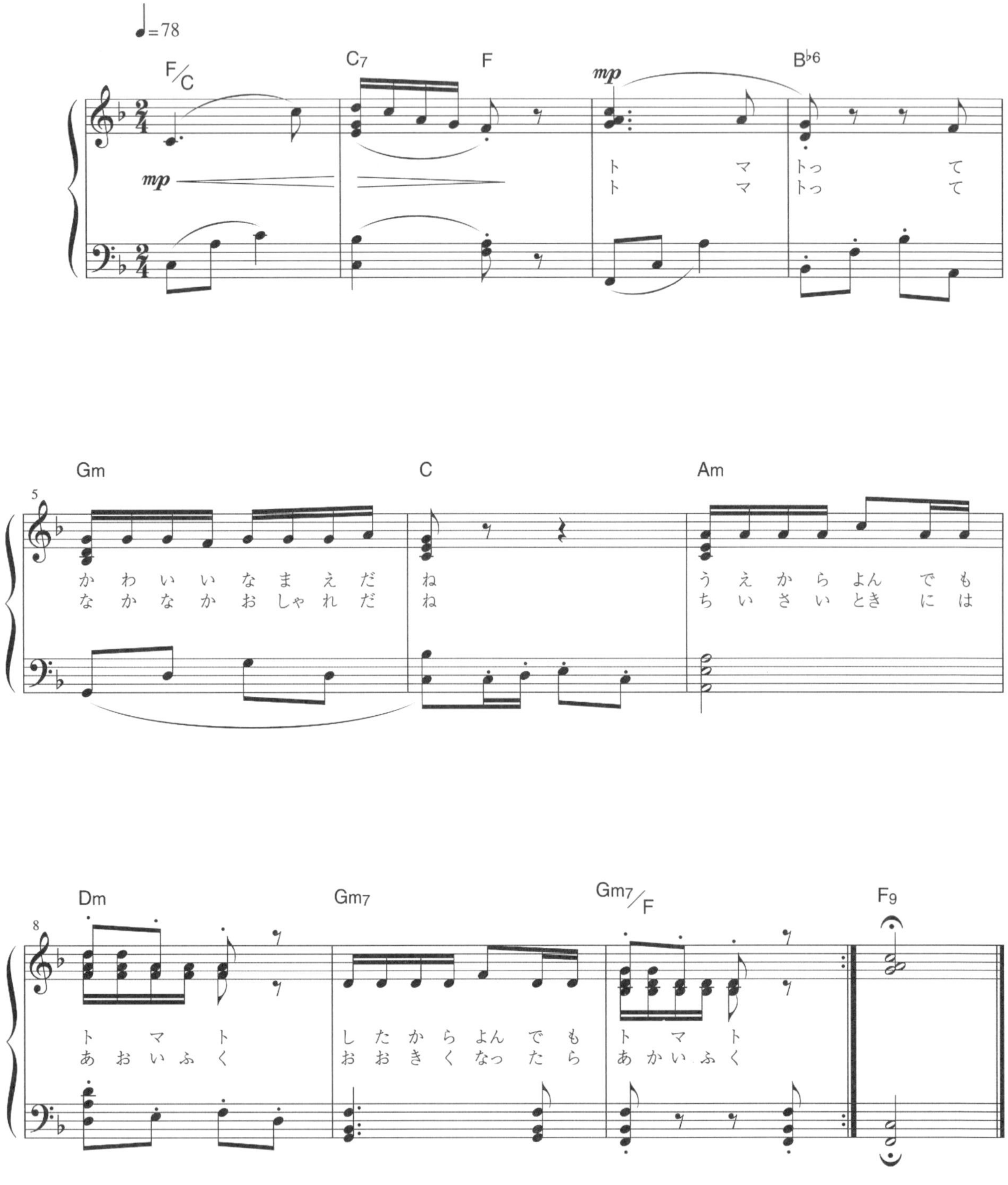
♩=78
F/C
C7
F
mp
B♭6
mp
ト　マ　トっ　て
ト　マ　トっ　て
Gm
C
Am
か　わ　い　い　な　ま　え　だ　ね
な　か　な　か　お　しゃ　れ　だ　ね
う　え　か　ら　よん　で　も
ち　い　さ　い　とき　に　は
Dm
Gm7
Gm7/F
F9
ト　マ　ト
あ　お　い　ふ　く
し　た　か　ら　よん　で　も
お　お　き　く　なっ　た　ら
ト　マ　ト
あ　か　い　ふ　く

ゆうがたの おかあさん

●作詞／サトウハチロー　●作曲／中田喜直　●編曲／井上勝義

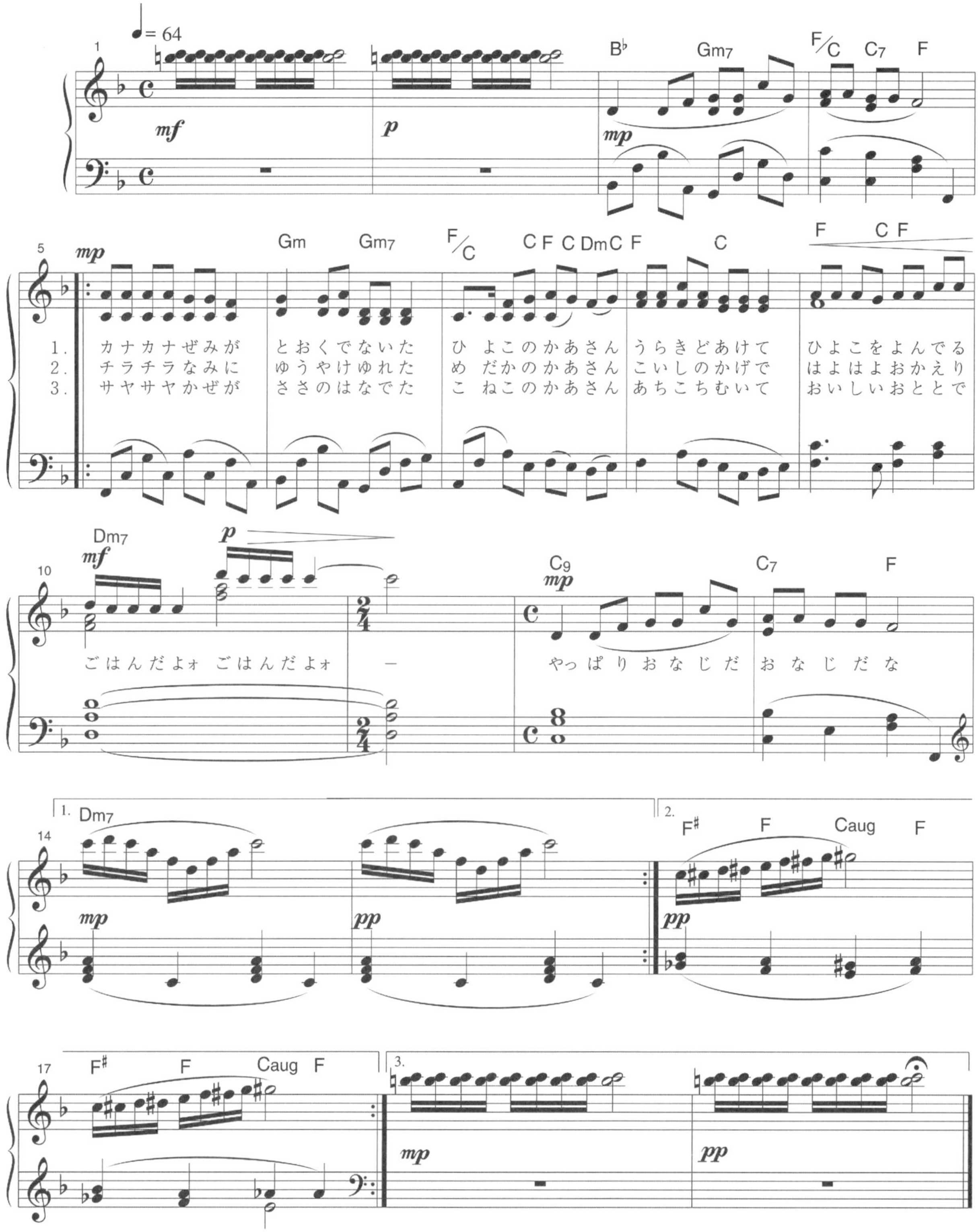
♩= 64
mf
p
B♭ Gm7 F/C C7 F
mp
mp
Gm Gm7 F/C C F C Dm C F C F C F
1. カナカナぜみが とおくでないた ひ よこのかあさん うらきどあけて ひよこをよんでる
2. チラチラなみに ゆうやけゆれた め だかのかあさん こいしのかげで はよはよおかえり
3. サヤサヤかぜが ささのはなでた こ ねこのかあさん あちこちむいて おいしいおとどで
Dm7
mf
p
C9
mp
C7 F
ごはんだよォ ごはんだよォ ー やっぱりおなじだ おなじだな
1. Dm7
mp
pp
2. F♯ F Caug F
pp
F♯ F Caug F
3.
mp
pp

こおろぎ

●作詞／関根栄一　●作曲／芥川也寸志　●編曲／井上勝義

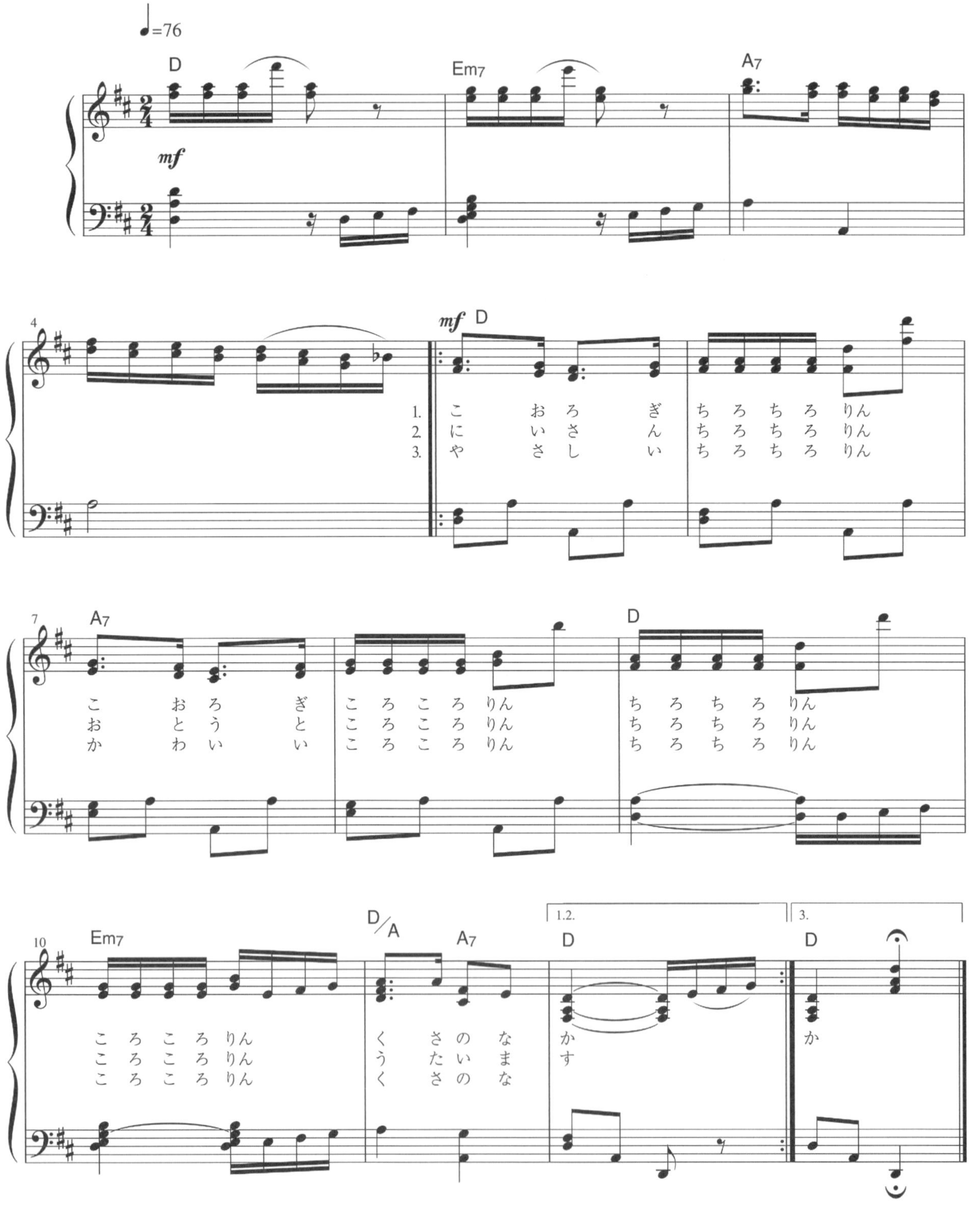
♩=76
D
Em7
A7
mf
4
mf D
1. こ おろ ぎ ちろちろりん
2. に いさ ん ちろちろりん
3. や さし い ちろちろりん
7
A7
D
こ おろ ぎ ころころりん ちろちろりん
おお とう と ころころりん ちろちろりん
おか わい い ころころりん ちろちろりん
10
Em7
D/A
A7
1.2.
3.
D
D
ころころりん くさのな か
ころころりん うたいま す
ころころりん くさのな か

おおきな くりの きの したで

●作詞不詳　●イギリス民謡　●編曲／井上勝義

つき

●文部省唱歌　●編曲／井上勝義

♩=108
F　Gm7/F　F　B♭/F　F　Gm/B♭　C7　F
mf
F　Dm　C　F
1. でたでた　つきが
2. かくれた　くもに
3. またでた　つきが
f
F/A　B♭　F/A　F　F/A　B♭　F/A　F　F/A　B♭　F/A　F　C
まーるい　まーるい　まんまるい
くーろい　くーろい　まっくろい
まーるい　まーるい　まんまるい
F　Gm7/F　F　B♭/F　F　Gm/B♭　C7　F
ぼーんの　ような　つきが
すーみの　ような　くもに
ぼーんの　ような　つきが

わらいんぼコスモス

●作詞／まど みちお ●作曲／磯部 俶 ●編曲／井上勝義

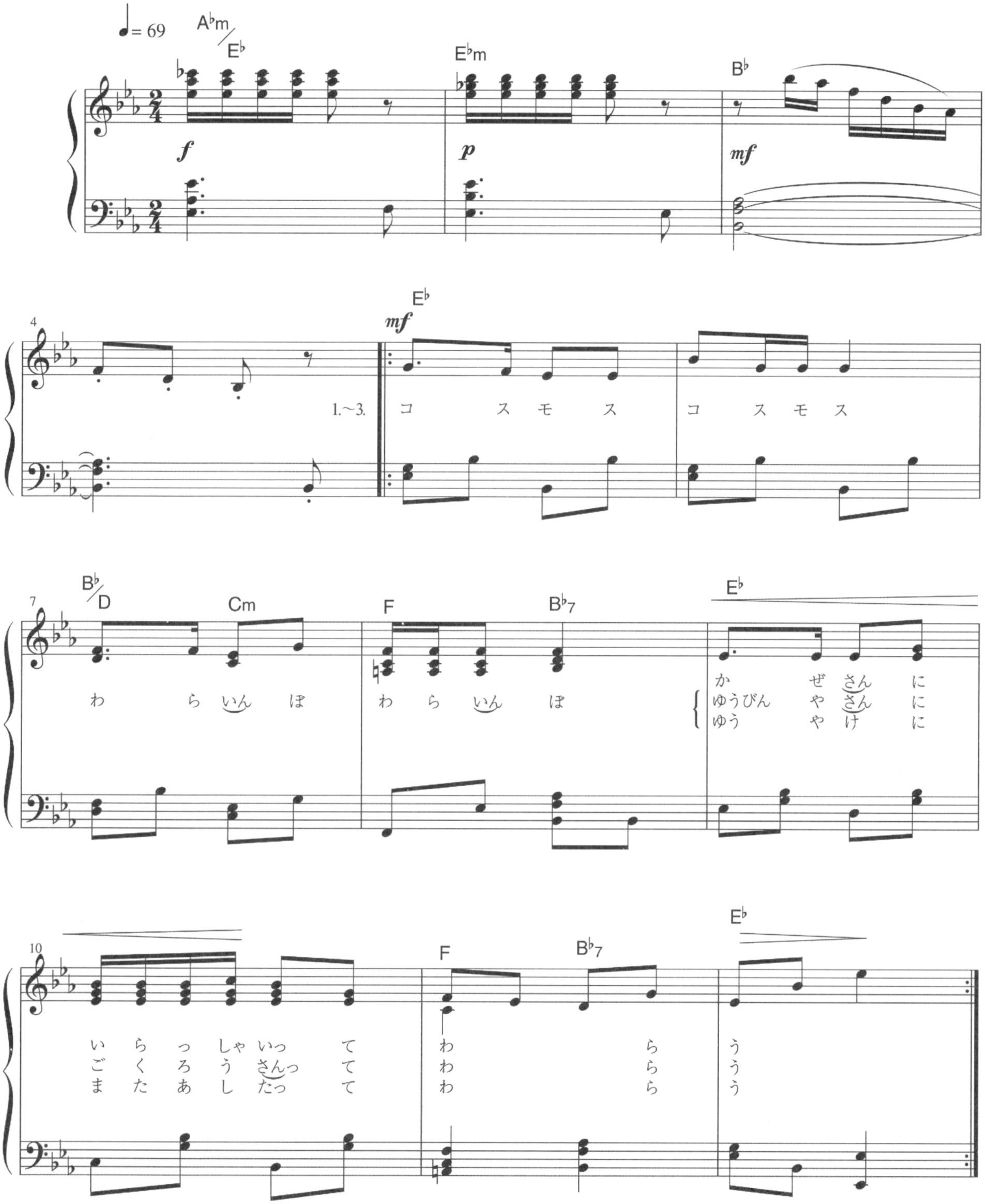
♩= 69
A♭m/E♭ E♭m B♭
f p mf
E♭ mf
1.～3. コ スモ ス コ スモ ス
B♭/D Cm F B♭7 E♭
わ ら いん ぼ わ ら いん ぼ
かぜ さん に
ゆうびん や さん に
ゆう や け に
F B♭7 E♭
いらっしゃいって わら う
ごくろうさんって わら う
またあしたって わら う

おんまは みんな

●作詞／中山知子　●外国曲　●編曲／井上勝義

♩=132
E♭ B♭ E♭ B♭/F B♭7 E♭
mf
E♭ B♭ E♭ B♭/F B♭7 E♭ B♭
mp
おんま はみんな パッパ カは しる パッパ カは しる パッパ カは しる おんま はみんな
こぶ た のしっぽ ちょんぼ りちょろり ちょんぼ りちょろり ちょんぼ りちょろり こぶ た のしっぽ
E♭ A♭6 B♭7 E♭ A♭/E♭ E♭
mf
パッパ カは しる どうし ては ー し る どうし てな ー の か
ちょんぼ りちょろり どうし てちょー ろ り どうし てな ー の か
A♭/E♭ E♭ B♭ E♭ B♭/F
mp
だ れ もし ー ら ない だけど おんま はみんな パッパ カは しる パッパ カは しる
だ れ もし ー ら ない だけど こぶ た のしっぽ ちょん ぼ りちょろり ちょん ぼ りちょろり
E♭ B♭ E♭ Fm B♭7 E♭
パッパ カは しる おんま はみんな パッパ カは しる おもしろ ー い ね
ちょんぼ りちょろり こぶ た のしっぽ ちょんぼ りちょろり おもしろ ー い ね

どんぐりころころ

●作詞／青木存義　●作曲／梁田　貞　●編曲／井上勝義

1. どんぐりころころ
2. どんぐりころころ
どんぶりこ おいけにはまって さあたいへん
よろこんで しばらくいっしょに あそんだが
どじょうがでてきて こんにちは ぼっちゃんいっしょに あそびましょう
やっぱりおやまが こいしいと ないてはどじょうを こまらせた

まつぼっくり

●作詞／広田孝夫　●作曲／小林つや江　●編曲／井上勝義

♩=84
F　G9　C7　F
mf
ま つ ぼっ
C　F
く り が　あっ た と　さ　た か い　お や ま に
G9　C7　F　B♭　F/A　F
あっ た と　さ　こ ろ こ ろ　こ ろ こ ろ　あっ た と
C　F　G　C7　F
さ　お さ る が　ひ ろっ て　た べ た と　さ

やぎさんゆうびん

●作詞／まど みちお　●作曲／團 伊玖磨　●編曲／井上勝義

♩=104
F C F C F C F B♭ F/A F C F C
mf
F C F B♭ F Gm7/F F B♭/F F Gm7/F F B♭/F F
mp
1.しろやぎ さんから おてがみ ついた
2.くろやぎ さんから おてがみ ついた
C F C7 F C Dm C/E F/A B♭ F/A F F/A
くろやぎ さんたら よまずに たべた しかたが ないので
しろやぎ さんたら よまずに たべた しかたが ないので
B♭ F/A F Gm C7 F B♭ F/A C7 F
おてがみ かいた さっきの てがみの ごようじ なあに
おてがみ かいた さっきの てがみの ごようじ なあに

ねむねむの ひつじ

●作詞／成本和子　●作曲／いけたかし　●編曲／井上勝義

♩= 88
F Am7 B♭ C7 F Am7 B♭ C7
mp
F6 Gm C F/A F Gm
おひさまにほした　ふっくらおふとん　のはーらのなかに
おひさまにほした　ふっくらおふとん　くーーものうえに
C F Gm Dm Gm Dm
ねてるみたいよ　ねーおかあさん　たんぽぽのにおい
ねてるみたいよ　ねーおかあさん　ふうせんのにおい

11
Gm Dm C Dm
こ ね こ の に お い ほ わ ほ わ
お ほ し の に お い ふ わ ふ わ
14
Am Dm Gm7 C7
ほ わ わ ほ わ ほ わ ほ わ わ
ふ わ わ ふ わ ふ わ ふ わ わ
17
Gm7 C7 F6 Gm C7 F
ね む ね む の ひ つ じ が やっ て く る
ね む ね む の ひ つ じ が やっ て く る
20
F Am B♭ C7 F9
1.
2.

おどろう たのしい ポーレチケ

TRAMBLANKA　「踊ろう楽しいポーレチケ」

●作曲／Tadeusz SYGIETYNSKI(P.D.)　●作詞／Mira Ziminska SYGIETYNSKA　●訳詞／小林幹治　●編曲／井上勝義

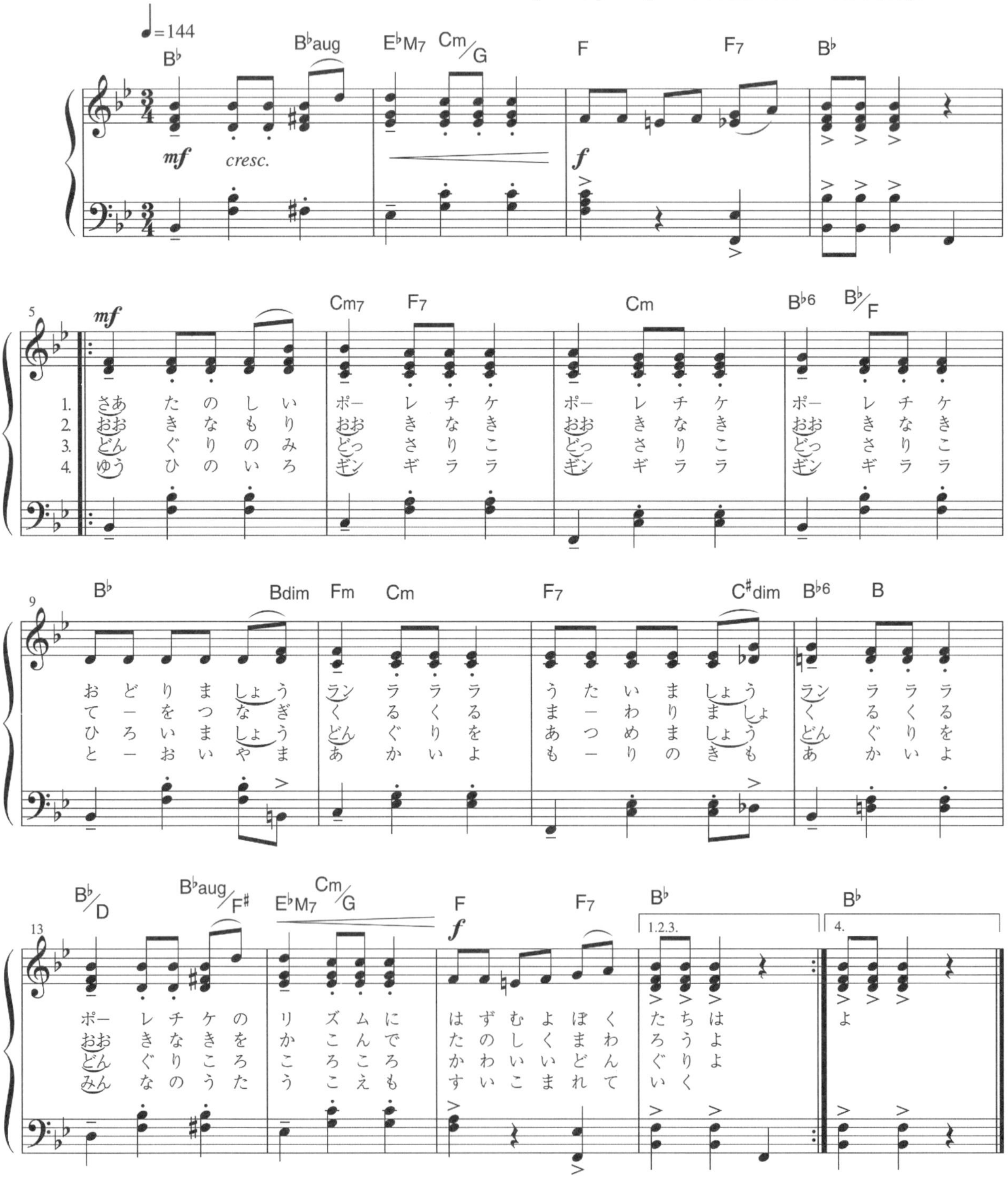

でぶいもちゃん ちびいもちゃん

●作詞／まど みちお ●作曲／湯山 昭 ●編曲／井上勝義

♩=116
F C F Gm C
mf f
6
F6 mf F C F
mf
1.で ぶ い も ちゃん
2.ち び い も ちゃん
11
Gm G Gdim C7
つ ち ー の な か で な に し て た の
つ ち ー の な か で な に し て た の
16
F B♭ F
も ぐ ら と お す も う な ん か
み み ず と け ー ん か な ん か
21
Gm/B♭ C7 1. F 2. F B♭ C7 F
し て た の かい かい
し て た の
3
3

きくの はな

●作詞／立野　勇　●作曲／本多鉄磨　●編曲／井上勝義

♩=92
F C/E F G C6
mf
5
C Am Dm/F G7 C F C/E C
1.2. ひ と つ ふ た つ みっ つ ー よっ つ い つ つ さ い た
10
F C♯dim C G7 C F C/E C
さ い た き く の は な あ か し ろ き い ろ
15
F C/E F G C
き れ い に さ い た ー
せ ん せ に あ げ よ ー

もみじ

●作詞／古村徹三　●作曲／不詳　●編曲／井上勝義

あかい
あかい もみじの は もみじの はっぱは
きれいだ な ぱっと ひろげた あかちゃん
の おててのようで かわいい な

こんなこ いるかな

●作詞／日暮真三　●作曲／渋谷　毅　●編曲／井上勝義

♩=126
F F7 B♭ B♭m F/C Dm G C7 F
mf
C7/G F C7/G F C7/G F G C7 B♭ F/A G7 C
きっとね　きっとね　きっとお　おさ　わぎ　と　もだ　ちた　くさ　ん　い　るん　だもん
C7/G F C7/G F C7/G F G C7 F F7/E♭ B♭9 B♭m6
こん　なこ　こん　なこ　こん　なこ　いる　かな　ドッ　キ　ド　キ　ー　の　アイ　ドル
F/C Dm G C7 F Cm11 F7 B♭M7 B♭6
い　つも　みんなの　め　をま　わす
い　た　ずら　ー　に　ショック
よ　わ　むし　ー　は　ダッ　コ

17
Cm11 F7 B♭M7 B♭6 Dm7 G7/D C/E Cdim/E♭
やさしさーに ハクシュ わすれんぼーに キッス さあ
わがままーは ガンコ くいしんぼーはお ダンゴ さあ
21
Dm G7 C C7/G F C7/G F C7/G F G C7
なかよくあそ ぼう ずっとね ずっとね ずっとお ともだち
なかよくあそ ぼう
25
F F7/E♭ B♭9 B♭m6 F/C Dm G C7 F
3
ドッキドキーの アイドル きみが いるから おもしろい
29
C7/G F C7/G F C7/G F G C7 F F7/E♭ B♭ B♭m6 F/C C7 F
rit.
a tempo
こんなこ あんなこ そんなこ なんのこ そっくりさん はどんなこ ー こんなこんなこんなこ

おふろ じゃぶじゃぶ

●作詞／さとう よしみ　●作曲／服部公一　●編曲／井上勝義

♩=132
F F7/E♭ D Daug Gm C7 F F6
mf
1. おふろジャブジャブ
2. おふろジャブジャブ
3. おふろジャブジャブ
4
F Gm Gdim C Caug
ジャブジャブしてたら さかなになっちゃう のね
ジャブジャブしてたら さかなになっちゃっ てね
ジャブジャブしてたら クジラになっちゃう のね
7
F F7/E♭ D7 Daug Gm C7+5
1. 2. F
3. F
タオルでママが つかまえにくる よ い
タオルのあみで つかまえられた よ
とってもママには つかまえられな

おほしが ひかる

●日本語詞／由木　康　●ドイツ民謡　●編曲／井上勝義

♩=116
F B♭/F F Gm7/F F Gm C7 F
1. おほしが ひかる ぴかぴか ふしぎに あかく ぴかぴか
2. おらくだが とおる かぽかぽ さばくの はらを かぽかぽ
3. おほしが ひかる ぴかぴか らくだが とおる かぽかぽ
C7 B♭9/D C7/E F C B♭9/D C F C F C7 F C7
なにが なにが あるのか おほしが ひかる ぴかぴか
どこへ どこへ いくのか おらくだが とおる かぽかぽ
そうだ そうだ こよいは めでたい きよい よるだよ
F Gm/B♭ F/A C F

ちいさい ひつじが

●作詞／Albert Midlane　●作曲／Salvatore Ferretti　●日本語詞／堀内敬三　●編曲／井上勝義

るひとおくへあーそびにい
たりはくらくさーびしくな
のこひつじのあーとをたず
ごのひつじをみーつけまし
きはーなさくのはらのお
りうーちがこいしーくひ
ねとおくのやまやーまた
ただーかれてかえーるこ
もしろさにかーえるみち
つじはいまこーえもかな
にそこまでまいごのひつ
のひつじはよーろこばし
さえわーすれましたけーた
しくなーいていますなー
じをさーがしましたとう
さにおーどりました

ゆめの なか

●作詞／日暮真三　●作曲／渋谷　毅　●編曲／井上勝義

♩=112
F FM7 F6 C7/F C7 F FM7 F6 C7/F C7
mf
ほ し の　ま ち の
F Ddim F C7 F/A C/G F B♭aug Gm
も の が た り を　き い た　よ る は
G7 G13 C7sus4 B♭
き ら き ら き ら　き ら き ら き ら　ゆ め
Gm11 Edim/C F G Dm7
の な か ー
め を と じ て　さ あ
ほ ほ よ せ て　ほ ら

G Dm7 E♭M7 Dm7 G7
ゆ めみよ う さあ さあ あし たを ゆ めみよ
ゆ めみよ う ほら ほら すて きな ゆ めみよ
C7 F FM7 F6 G/F C7 F Ddim F
う かぜ の まち の こも りうた を
う にじ の まち の てん したち が
F/A C/G F B♭aug Gm G7 G13 C7sus4
きいた よるは ゆらゆらゆら ゆらゆらゆら
うたう よるは すやすやすや すやすやすや
B♭ G11 Edim/C F
ゆめ のな か ー
ゆめ のな か ー

おしょうがつ

●作詞／東　くめ　●作曲／滝 廉太郎　●編曲／井上勝義

♩=112
1. もー い く つ ね る と お しょ ー が つ
2. もー い く つ ね る と お しょ ー が つ
お しょ ー が つ に は た こ あ げ て こま を ー ま わ し て あ そ び ま しょ う
お しょ ー が つ に は ま り つ い て おい ば ね つ い て ー あ そ び ま しょ う
は や く ー こ い こ い お しょ ー が つ つ
は や く ー こ い こ い お しょ ー が

せっけんさん

●作詞／まど みちお　●作曲／冨永三郎　●編曲／井上勝義

♩= 88
F C F B♭ F/C C7 F
mp
F Gm7/F F Gm7/F F B♭/F F
1. せっ けん さん は い い に お い
2. せっ けん さん は か あ さ ん よ
B♭ F Gm7 F Gm F/A Gm F C/E C
お か し の に お い お は な の に お い
ぶ く ぶ く あ ぶ く か わ い い あ ぶ く
F C F B♭ F/C C7 F
か あ さん の か あ さん の に お い
あ ぶ く の あ ぶ く の か あ さん

ゆき

●文部省唱歌　●編曲／井上勝義

♩= 116
F C/E Dm7 C/E F
mp mf
1.ゆ ー き や
2.ゆ ー き や
C F C
こん こ あ ら れ や こん こ ふっ て は ふっ て は
こん こ あ ら れ や こん こ ふっ て も ふっ て も
F C F
ず ん ず ん つ も る や ー ま も の は ら も わ た ぼう し
ま だ ふ り や ま ぬ い ー ぬ は よ ろ こ び に わ か け
f B♭ F C F
か ぶ り か れ き の こ ら ず は な が さ く
ま わ り ね こ は こ た つ で ま る く な る

ゆきの こぼうず

●作詞／村山寿子　●外国曲　●編曲／井上勝義

1. ゆきの こぼうず ゆきの こぼうず やねに おりた つるりと すべって かぜに のって きえた
2. ゆきの こぼうず ゆきの こぼうず いけに おりた するりと もぐって みんな みんな きえた
3. ゆきの こぼうず ゆきの こぼうず くさに おりた じーっと すわって みずに なって きえた

どこで ねるの

●作詞／奥田継夫　●作曲／乾　裕樹　●編曲／井上勝義

♩=100
mp
F
Gm
C7
Gm7
B♭6
C
Gm
D♭
F9
C11
F9
1. どこで ねるの ぞうさん つちのうえ
2. どこで ねるの とりさん きーのうえ
3. どこで ねるの むしさん くさのうえ
4. どこで ねるの さかなさん みずのなか
5. どこで ねるの あかちゃん ふとんのなか
To ⊕
1.2.4
3.
D.S.
rit.

たこの うた

●文部省唱歌　●編曲／井上勝義

1. たこ— たこ— あがれ かぜよく うけて くも— まで— あがれ てんまで あがれ
2. えだ— こに— じだこ どちらも まけず くも— まで— あがれ てんまで あがれ
3. あれ— あれ— さがる ひけひけ いとを あれ— あれ— あがる はなすな いとを

おもちゃの マーチ

●作詞／海野　厚　●作曲／小田島樹人　●編曲／井上勝義

♩=100
F　Gm/B♭　C7　F
mf
1. やっ　と　こ
2. やっ　と　こ
C　F/A　B♭　F/A　Gm7　F　Gm7　F　C
やっ　と　こ　く　り　だ　し　た　お　も　ちゃ　の　マ　ー　チ　が
やっ　と　こ　ひ　と　ま　わ　り　キュ　ー　ピ　も　ポ　ッ　ポ　も
F/A　C　F
ラッ　タッ　タ　にん　ぎょう　の　へい　た　い　せ　い　ぞ　ろ
ラッ　タッ　タ　フラ　ン　ス　にん　ぎょう　も　と　び　だ　し
C　F/A　B♭　F/A　Gm7　F　Gm7　F　C　B♭　C7　F
い　お　う　ま　も　こ　い　ぬ　も　ラッ　タッ　タ
て　ふ　え　ふ　きゃ　た　い　こ　が　パン　パラ　パン

うぐいす

●作詞／林　柳波　●作曲／井上武士　●編曲／井上勝義

♩=96
F Gm7/F F B♭ F Bm7-5 C7 F
mf
5
C/E Dm7 C
1. う め の こ え だ で う ぐ い す は
2. ゆ き の お や ま を き の う で て
9
F Faug B♭ Bm7-5 Gsus4/C C7
は る が き た よ と う た い ま す
さ と へ き た よ と う た い ま す
13
F Gm7/F F B♭ F C7 F
mp
ホウ ホウ ホ ケ キョ ホウ ホ ケ キョ

コンコンクシャンの うた

●作詞／香山美子　●作曲／湯山　昭　●編曲／井上勝義

♩= 88
F
Caug
F
Caug
F6
8
mp
mf
f
7
5
mp F6
mf
1. りすさんが マスクした ちいさい ちいさい ちいさい ちいさい
2. つるさんが マスクした ほーそい ほーそい ほーそい ほーそい
3. ぶうちゃんが マスクした まーるい まーるい まーるい まーるい
4. かばさんが マスクした おおきい おおきい おおきい おおきい
5. ぞうさんが マスクした なーがい なーがい なーがい なーがい
10
C
F
C7
F

Dm
Gm7/F
C7
F
Fine
f
mp
f
マ ス ク し し た コン コン コン コン クシャン
マ ス ク し し た コン コン コン コン クシャン
マ ス ク し し た コン コン コン コン クシャン
マ ス ク し し た コン コン コン コン クシャン
マ ス ク し た コン コン コン コン クシャン
1.
Dsus4
E♭-5
D
mp
2.
F-5
mf
f
3.
C♯7/A♭
Caug
f
4.
mp
mf

かぜさんだって

●作詞／芝山かおる　●補作詞／サトウハチロー　●作曲／中田喜直　●編曲／井上勝義

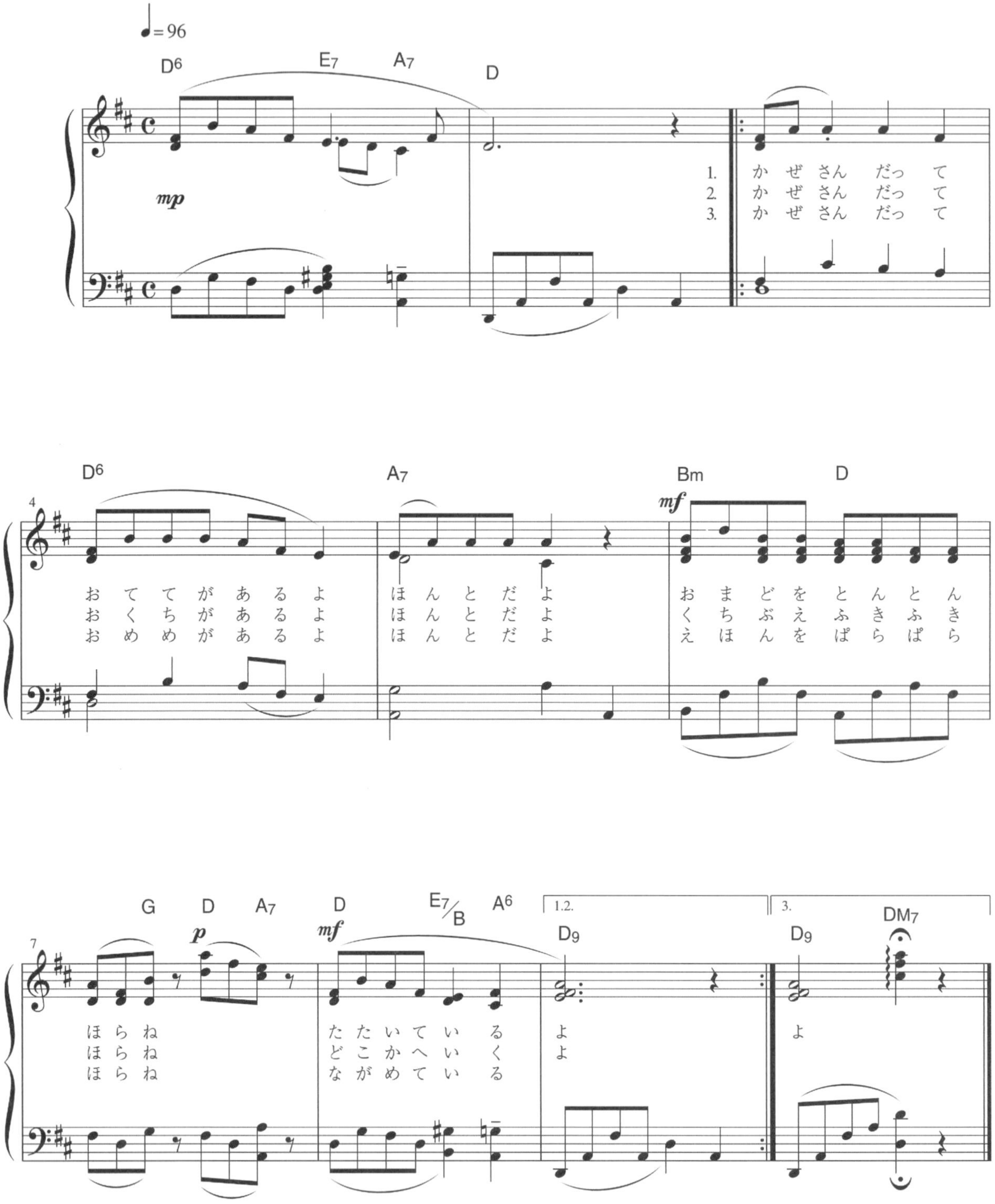
1. か ぜ さん だっ て
2. か ぜ さん だっ て
3. か ぜ さん だっ て
お て て が あ る よ　ほ ん と だ よ　お ま ど を と ん と ん
お く ち が あ る よ　ほ ん と だ よ　く ち ぶ え ふ き ふ き
お め め が あ る よ　ほ ん と だ よ　え ほ ん を ぱ ら ぱ ら
ほ ら ね　た た い て い る　よ　よ
ほ ら ね　ど こ か へ い く　よ
ほ ら ね　な が め て い る

まめまき

●えほん唱歌　●編曲／井上勝義

♩=100
D G D G D/G A D
mf
5
f
D G/D D D G/D D
1.2. おにはそと
ふくはうち
9
G D/F♯ D Bm E Asus4 A
mp mf
ぱらっ ぱらっ ぱらっ ぱらっ
まめのおと
13
D G D/A A D
おには こっそり にげていく
はやく おはいり ふくのかみ

おおさむ こさむ

●わらべうた　●編曲／井上勝義

♩= 60
Am Em Am Em Am Em Am Em Am
mp
おお さ む こ さ む
5
Am Em Am Em Am Em Am Em Am Em
や ま か ら こ ぞ う が な い て き た なん と いっ て な い て き た
9
Am Em Am Em Am Em Am
さ む い と いっ て な い て き た

あら どこだ

●作詞／神沢利子　●作曲／越部信義　●編曲／井上勝義

♩=120
Em7-5 F7 B♭
mf
f
1. ろ ば ー の み み は
2. な ま ず の ひ げ は
3. う し ー の つ の は
4
F F7 B♭6 B♭
う え む い て ぞ う ー の み み は し た む い て
し た む い て ね こ ー の ひ げ は よ こ む い て
あ た ま に し か ー の つ の も あ た ま に
3
7
C7 F7
わ た し の み み は か お の よ こ わ に ー の み み は
や ぎ ー の ひ げ は あ ご の し た ぶ た ー の ひ げ は
さ い ー の つ の は は な の う え ラ イオン の つ の は
10
Em7-5 F7
1.2. B♭
3. B♭
あ ら ど こ だ
だ

に・て・る

●作詞／桑原永江　●作曲／渋谷　毅　●編曲／井上勝義

♩=100
おかあさんと わたし あわてんぼうが よくにてる
おかあさんと ぼく はなーの かたちが よくにてる
おとうさんと わたし ふといまゆげが よくにてる
おとうさんと ぼく あせっかきが よくにてる
にてるって うれしくて にてるって ちょっとこまる
にてるって うれしくて にてるって ちょっとこまる
にてるって うれしくて にてるって ちょっとこまる

はるよ こい

●作詞／相馬御風　●作曲／弘田龍太郎　●編曲／井上勝義

1. はるよ こい はやく こい あるき はじめた みいちゃんが あかい はなおの ジョジョはいて おんもへ でたいと まっている
2. はるよ こい はやく こい おうちの まーえの ももの きの つぼみも みーんな ふくらんで はよさき たーいと まっている

かわいい かくれんぼ

●作詞／サトウハチロー　●作曲／中田喜直　●編曲／井上勝義

♩=104
F
B♭
C9
C7
F
mp
5
C
F
1. ひよこがね　おにわで　ぴょこぴょこ
2. すずめがね　おやねで　ちょんちょん
3. こいぬがね　のはらで　よちよち
9
B♭6
G/B
C
A
Dm
かくれんぼ　どんなにじょうずに
かくれんぼ　どんなにじょうずに
かくれんぼ　どんなにじょうずに

13
B♭6　B♭6/A　Gm　G♯dim　F/A　C　F
17
Gm/B♭　C7　F　Gm/B♭　F/A
21
Gm7　Gm7/F
25
1.2　C7
3.　C7　FM7
かくれても　きいろい　あんよが　みえてるよ　だんだん　だれが　めっかった
かくれても　ちゃいろい　ぼうしが　みえてるよ　だんだん　だれが　めっかった
かくれても　かわいい　しっぽが　みえてるよ　だんだん　だれが　めっかった

あひるの ぎょうれつ

●作詞／小林純一　●作曲／中田喜直　●編曲／井上勝義

♩= 104
F B♭ F/A F Gm/B♭ C7 F F/A
mf
1.あ ひ る の ぎょう れ つ
2.あ ひ る の みず あ び
B♭6 F/A C F B♭ F B♭6 F/A C
よ ちよ ちよ ち かあ さ ん あ ひ る が よ ちよ ちよ ち
すー いすー いす い かあ さ ん あ ひ る が すー いすー いす い
F Dm B♭6 F/A C F F/A B♭ F/A F Gm/B♭ C7 F
あ とか らひ よこ が よ ちよ ちよ ち い けま でよ ちよ ち があ があ があ
あ とか らひ よこ が すー いすー いす い か るそう にすー いすー い があ があ があ

おはなが わらった

●作詞／保冨康午　●作曲／湯山　昭　●編曲／井上勝義

♩=84
1.おはなが わらった おはなが わらった おはなが わらった おはなが わらった みーんな わらった いちどに わらった
2.おはなが わらった おはなが わらった おはなが わらった おはなが わらった みーんな わらった げんきに わらった

マーチング・マーチ

●作詞／阪田寛夫　●作曲／服部公一　●編曲／井上勝義

♩=108
Em Am Em Am Em Am Em Am
Em
Bsus4/F♯ A7/F♯
Em B7 Em
1.~3.
マ ーチッたらチッタカタァ　こうしんだ
To ⊕
B7 Em Am6
マ ーチッたらチッタカタァ　こうしんだ
みぎあしくん　ひだりあしくん
バスみちくん　どろみちくん
ふるぐつくん　ぼろぐつくん
Em E♭aug Em7 A Em E♭aug Em7 A Em E♭aug Em7 Am Bsus4 B
かわりばんこ　かわりばんこ　ぼくをはこんで　チッタカタッタッタァ
ざっくざっくぼっこぼっこ　ざっくざっくぼっこぼっこ　いいおとならして　チッタカタッタッタァ
ひだりみぎ　ひだりみぎ　1 2 3 4　ぼくをはこんで　チッタカタッタッタァ

17
Em
のっ ぱら へ つれていけ
1.2.
B7 Em
チッタカタッタッタァ
3.
B7 Em D7
チッタカタッタッタァ
G
か か かえるの
21
GM7 G6
お へ そ
G
み み みみずの
Am
め だ ま
D D♯dim
あるのかな いのか
25
D D♯dim
な いのか あるのか
D Am/C
み に い こ
B
う
D.S.
28
A
チーッ タ カ
B
ターッ ターッ
Em
タァ
ー

いぬの おまわりさん

●作詞／さとう よしみ　●作曲／大中　恩　●編曲／井上勝義

♩=104
D A D
f
mp
mf
Em D A7
Em D A/C G/B A7 D
1. まいごの まいごの こねこちゃん あなたの おうちは どこですか おう
2. まいごの まいごの こねこちゃん このこの おうちは どこですか から
Em G/D A7/C♯ D/F♯ Em7 D
ち をきいて も わからない なま え をきいて も わからない
す にきいて も わからない すず め にきいて も わからない

D A Em B A/E E7 A
ニャン ニャン ニャン ニャーン ニャン ニャン ニャン ニャーン な いて ばかりいる こ ねこちゃん
D F#m Bm E/G# Gm6/B♭ D/A E/G#
いぬ の おまわりさん こまって しまって ワン ワン ワン ワーン
A D
ワン ワン ワン ワーン

そらに らくがき かきたいな

●作詞／山上路夫　●作曲／いずみたく　●編曲／井上勝義

E7/B
Am
D7
G
G7
rit.
13
せ か い じゅう の　と り が た べ て も　た べ き れ ない よ な　リン ゴ の き
せ か い じゅう の　い ぬ が ほ え て も　お ど ろ か ない よ な　ブル ド ッ グ
せ か い じゅう の　きしゃ を つ な げ て　ま だ ま だ たり な い　なが い は し
C
a tempo
Em
Dm
17
そ ら に お お き く　か き た い　な
f
G
C
G7
1.2.
C
3.
C
21
シュ シュ シュー シュ　シュ シュ シュー シュ　か き た い　な　な

もんしろちょうちょの ゆうびんやさん

●作詞／サトウハチロー ●作曲／中田喜直 ●編曲／井上勝義

♩=120
Dm7
F6
mf
Gm
F/A
C7
F/A
B♭
F/A
B♭
C7sus4
1. もん しろちょう ちょの ゆう びん や さ ん あ さから は い た つ あ さから は い た
2. もん しろちょう ちょの ゆう びん や さ ん せ っせと は い た つ せ っせと は い た
3. もん しろちょう ちょの ゆう びん や さ ん あ ちこち は い た つ あ ちこち は い た
Fsus4
F
C11
C7
F
つ アネモネ よこちょう じゅうばんち かどからに けんめ
つ ひなげし どーりの ろくばんち まっかな かんばん
つ チュウリップ おくさん はんこです うれしい かきとめ
B♭
C7
1.
Dm7
2.
rit.
FM7
ハイ ゆー びーん びーん
ハイ ゆー びーん
ハイ ゆー

おかあさん

●作詞／西条八十　●作曲／中山晋平　●編曲／井上勝義

♩=96
F6 Gm/B♭ C7 Dm6/B C7 F
mf
1.〜3.
お か あ
さ ん
C Dm B♭ F/A B♭ F/A
お か あ さ ん
お か あ さん て ば
Gm/B♭ C7 F Gm7 FM7 Am/E Dm
お か あ さ ん
な ん に も ご よ う は ない け れ
な ん べ ん よ ん で も うれ し い
ほ ら ほ ら こ っ ち を おむ き で
Gm7 C B♭ F Dm Gm/B♭ C7 Dm6/B C7 F
ど な ん だ か よ び た い お か あ さ ん
なす お へ ん じ な く て も う れ し い なう
す に っ こ り わ ら っ て な に ご よ う

いちご

●作詞／高木あきこ　●作曲／越部信義　●編曲／井上勝義

♩=120
F A7 G7 C7 F
mf
1. いちごの
2. いちごの
Gm7 C7 Gm7/F Gm7-5/F F F7 B♭ F/A A7 Dm
1. つぶつぶ ぷちぷちぷちぷちぷちぷち ちゅん あかくてちいさい とんがりぼうし
2. つぶつぶ ぷちぷちぷちぷちぷちぷち ちゅん あまくてすっぱい さんかくぼたん
F Am F7 B♭6 C9 F
1. そらーを みながらー たべちゃっ たちゅんちゅん
2. ことーり みたいにー たべちゃっ たちゅんちゅん
F F7
B♭/D B♭m/D F/C C7 F
G9 C7 F6

やまの おんがくか

●作詞／水田詩仙　●ドイツ曲　●編曲／井上勝義

♩=92
G D G Am/C D G
f
1. わ
2. わ
3. わ
D G Am7 G Am7 G Am/C D G D
た しゃ お ん が く か や ま の こ り す じょ う ず に バ
た しゃ お ん が く か や ま の こ と り じょ う ず に フ
た しゃ お ん が く か や ま の た ぬ き じょ う ず に た
G Am7 G Am7 G Am/C D G D
イ オ リン ひ い て み ま しょう キュキュ キュッキュッキュッキュキュ キュッキュッキュッキュキュ
ル ー ト ふ い て み ま しょう ピ ピ ピッ ピッ ピッ ピ ピ ピッ ピッ ピッ ピ ピ
い こ を たた い て み ま しょう ポ コ ポン ポン ポン ポ コ ポン ポン ポン ポ コ
G D G Am/C D 1.2. G 3. G
キュッキュッキュッキュキュ キュッキュッキュッい か ー が で す 2. わ す
ピッ ピッ ピッ ピ ピ ピッ ピッ ピッ い か ー が で す 3. わ
ポン ポン ポン ポ コ ポン ポン ポン い か ー が で

ことりの うた

●作詞／与田準一　●作曲／芥川也寸志　●編曲／井上勝義

♩=104
D G A D
DM7 D Bm F♯m G Ddim D/F♯ D G D/F♯ Em7
D E A D G A D
1. ことりはとってもうたがすき かあさんよぶのもうたでよぶ ピピピピピ チチチチチ ピチクリピイ
2. ことりはとってもうたがすき とうさんよぶのもうたでよぶ ピピピピピ チチチチチ ピチクリピイ
f sfz sfz sfz mf mp mf f sfz sfz sfz mp

くつが なる

●作詞／清水かつら　●作曲／弘田龍太郎　●編曲／井上勝義

♩=104
G D/F♯ G D/F♯ D Bm Em A7 D
G D A Bm A D E A D G D/F♯
G D G Bm G D/F♯ G D/F♯ D E
A G Em D/F♯ G D/F♯ D Bm Em A7 D
f
おてーてつないでのみーちをーゆけーばみんなかわいいことりにーなってうたをうたーえばくつーがななるるはれたみそーらにくつーがななる
くさーによそよそかーぜがーふけーばみんなかわいいちょうちょにーなってておかをこえーれば くつーがななるるははれたたみそーらにくつーがななる
はなーをつんではおつーむにーさせーばみんなかわいいうさぎにーなってはねておどーればくつーがなるはれたみそーらにくつーがなる

くじらの とけい

●作詞／関　和男　●作曲／渋谷　毅　●編曲／井上勝義

♩= 132
C D Dm D7 G7 C
mf
F D♯dim
1. クジ ラプ カプ カ う みの うえ と んで るカ モ メ が
2. クジ ラブ クブ ク う みの なか か しこ いイ ル カ が
G C G C
じ かん を きい た
じ かん を きい た
ク ジラ ク ジラ い まな んじ

11
Dm
い まく じい まく じ
い まく じら
クジラ のと けい は
14
D7 G7 C
1.
F G7 C
2.
C
くじく じら らら
18
G
C
G9
ク ジラ ク ジラ
い まな んじ
「いま～？」
く じ ら

すてきな パパ

●作詞・作曲／前田恵子　●編曲／井上勝義

♩=96
F G7 C/G G7 C Dm
mf
1.パ パ パ パ
2.パ パ パ パ
8 G7 C A/C♯ Dm D7 G
え ら い え ら い パ パ せ か い の だ れ よ り え ら い ん だ
つ よ い つ よ い パ パ せ か い の だ れ よ り つ よ い ん だ
14 C Am G Dm G
お お き な お く ち で わ ら っ た ら かい じゅ う み た い に
お こ っ た お か お に こ わ い け ど ほん と は と っ て も
20 C F G7 C/G G7 C
み え る け ど す て き な す て き な パ パ なん だ
や さ し く て す て き な す て き な パ パ なん だ

あめふり くまのこ

●作詞／鶴見正夫　●作曲／湯山　昭　●編曲／井上勝義

♩=108
1. おやまにあーめがふりましたあとからあとからふってきてちょろちょろおがわがでてきました
2. いたずらくまのこかけてきてそーっとのぞいてみてましたさかながいるかとみてました
3. なんにもいないとくまのこはおみずをひとくちのみましたおててですくってのみました
4. それでもどこかにいるようでもいちどのぞいてみてましたさかなをまちまちみてました
5. なかなかやまないあめでしたかさでもかぶっていましょうとあたまにはっぱをのせました
1.2.4.
3.
5.

ホ！ホ！ホ！

●作詞／伊藤アキラ　●作曲／越部信義　●編曲／井上勝義

♩=126
Em
mf
Fdim
D
A7
D
mf
Bm
1. た の し い メ ロ ディー わ す れ た と き は ー
2. あ い た い ひ と に ー あ い た い と き は ー
Em
mp
A7
D
よ ー んで み よ う よ ー あ お ぞ ら に ー
よ ー んで み よ う よ ー そ の な ま え ー

13 f Bm
ホ ホ ホ ホ ユーレユーレユーレユーレ ホ ホ ホ ホ ユーレユーレユーレユーレ
ホ ホ ホ ホ ユーレユーレユーレユーレ ホ ホ ホ ホ ユーレユーレユーレユーレ
Em D C♯7 A7
17 mp cresc.
かえーって くるよー あーのメロディーーがー
かえーって くるよー あーのほほえみーがー
D Bm
21 f
ホ ホ ホ ホ ユーレユーレユーレユーレ ホ ホ ホ ホ ユーレユーレユーレユーレ
ホ ホ ホ ホ ユーレユーレユーレユーレ ホ ホ ホ ホ ユーレユーレユーレユーレ
Em Fdim D A7 1. D 2. D
25 mp
よんでみ ようーよー あおぞらーにー ー
よんでみ ようーよー そのなまーえ

あめ

●作詞／杉山米子　●作曲／小松耕輔　●編曲／井上勝義

1. あ め が あ め が
2. あ め が あ め が
ふっ て い る き い て ご ら ん よ お と が す る
ふっ て い る き い て ご ら ん よ お と が す る
ぴ ち ぴ ち ば しゃ ば しゃ お と が す る ほ ら お い け に
ぽ つ ぽ つ ぽ つ ぽ つ お と が す る ほ ら や つ で に
ふっ て い る きん ぎょ は どう し て い る か し ら
ふっ て い る はれ た ら はっ ぱ が ひ か る だ ろう

しゃりしゃりしゃーべっと

●作詞／高見 映 ●作曲／越部信義 ●編曲／井上勝義

♩=138
F/A Dm/F Cdim C7 F FM7 Fdim Gm C7
mf
1. みーるくの しゃーべっと おーさらに
2. おーれんじ しゃーべっと
F C F FM7 Fdim Gm C7 F Fdim Gm7
のせーてー すぷーんで しゃりしゃり けずるんだ
F Dm Gm C7 F F7 B♭/D B♭6/F B♭m6/D♭ F/C C7 F
f
あっちからしゃり こっちからしゃり ほーらほーら しゃーべっとの
うさぎくん
ひまわりくん
Gm C7 F6 Caug C7 F F6
ひなたであ そんじゃ とけちゃうよ
おひさまみてたら
とけちゃうよ

おほしさま

●作詞／都築益世　●作曲／團 伊玖磨　●編曲／井上勝義

♩= 110
rit. a tempo
mf
F G/B C7 F Dm G7 C
1. お ほ し さ ま ぴ か り
2. お ほ し さ ま ぴ か り
F Gm7 F/A B F/A D Gm D Gm
お は な し し て る ち い さ な こ え で
お で ん わ か け た あ の こ に こ の こ
C7 C♯dim Dm B♭ F/A Dm7 Dm6/B B♭/C C7
か わ い い こ え で お は ー な し し て
よ い こ は ど の こ お で ー ん わ か け
1. 2.
F C F C F
る ー
た ー

しゃぼんだま

●作詞／野口雨情　●作曲／中山晋平　●編曲／井上勝義

♩= 72
G　Em D/F♯　A D/F♯　A7 D
mf
A　D　G　D/F♯ G D/F♯
mp　mf
1. しゃ ぼ ん だ ま　と ん だ　や ね ま で　と ん だ
2. しゃ ぼ ん だ ま　き え た　と ば ず に　き え た
D A/C♯ Bm A　G D/F♯　D/A A7 D　D/A A7 D
mp　mf
1.　2.
や ね ま で　と ん で　こ わ れ て　き え た　き え た
う ま れ て　す ぐ に　こ わ れ て
G　Em D/F♯　A D/F♯　A7 D
f　mp
か　ぜ か ぜ　ふ く な　しゃ ぼんだ ま　と ば そ

4歳
7月

おばけなんて ないさ

●作詞／まき みのり　●作曲／峯　陽　●編曲／井上勝義

1.おばけなんてないさ おばけなんてうそさ ねーぼけたひとが みまちがえたのさ
2.ほんとにおばけが でてきたらどうしよう れいぞうこにいれて かちかちにしちゃおう
3.だけどこどもなら ともだちになろう あくしゅをしてから おやつをたべよう
4.おばけのともだち つれてあるいたら そこらじゅうのひとが びっくりするだろう
5.おばけのくにでは おばけだらけだってさ そんなはなしきいて おふろにはいろう
だけどちょっとだけどちょっと
ぼくだってこわいな
おばけなんてないさ
1.2.3.4.
おばけなんてうそさ
5.
おばけなんてうそさー

ほたる こい

●わらべうた ●編曲／井上勝義

インディアンが とおる

●作詞／山中　恒　●作曲／湯浅譲二　●編曲／井上勝義

♩=104
E♭ mf A♭ E♭/G E♭ B♭
f
1.インディアンが とおる アッホイアッホイアッホイホイ
2.インディアンが とおる アッホイアッホイアッホイホイ
E♭ B♭7 E♭ B♭ Bdim Cm F7 B♭
ちいさなはなを みつけてとった アッホイアッホイアッホイホイ
ちいさなきのみ みつけてとった アッホイアッホイアッホイホイ
Gm mp Cm Fm/A♭ B♭7 E♭ A♭ f Fm E♭ Cm A♭
だれにおみやげ やるのかな アー ホホホホ
だれにおみやげ やるのかな アー ホホホホ
E♭
ホ ー
ホ ー

おへそ

●作詞・作曲／佐々木美子　●編曲／井上勝義

𝅗𝅥=80
D G A D G A D A D
f
1.~3.
おへその
なかには なにがある ピッピッ おへその なかには
A7 D A7 D Em D Gm/D D
mp
ごまがある ドンドン おへその ごまは くらいくらい
しわがある ドンドン おへその しわは くらいくらい
でこぼこがある ドンドン おへその でこぼこは くらいくらい
E A D A7
1.2. 3.
つぼのなか
ほそみちだ
かいだんだ
おへその なかには なにがある ドンドン
るドンドン

みなみの しまの ハメハメハだいおう

●作詞／伊藤アキラ ●作曲／森田公一 ●編曲／井上勝義

♩= 128
F Gm7/F C7 F
mf
5 C F Gm7/F C7
1. みなみのーしまの だいおうは そのなもいだいな ハメハメハ
2. みなみのーしまの だいおうは じょおうのなまえも ハメハメハ
3. みなみのーしまの だいおうは こどものなまえも ハメハメハ
4. みなみのーしまに すむひとは だれでもなまえが ハメハメハ
9 F C F Gm7/F
ロマンチックな おうさまで かぜのすべてが かれのうた
とてもやさしい おくさんで あさひのあとで おきてきて
がっこうぎらいの こどもらで かぜがふいたら ちこくして
おぼえやすいが ややこしい あうひとあうひと ハメハメハ

13
C7
ほ し の す べ て が
ゆ う ひ の ま え に
あ め が ふ っ た ら
だれ で も だ れ で も
F
か れ の ゆ め
ね て し ま う
お や す み で
ハ メ ハ メ ハ
ハ メ ハ メ ハ
Gm
ハ メ ハ メ ハ
17
C7
ハ メ ハ メ ハ メ ハ メ
1.2.3.
F
ハ
5
4.
F
ハ
ハ メ ハ メ ハ
21
Gm
ハ メ ハ メ ハ
C7
ハ メ ハ メ ハ メ ハ メ
F
ハ
5

ツッピンとびうお

●作詞／中村千栄子　●作曲／桜井　順　●編曲／井上勝義

♩= 168
C
mf
Dm
G
5
C
Am
Dm7
G
C
1. ツッ　ピン　ツッ　ピン　と　び　う　お　ツッ　ピン　ピン
2. ツッ　ピン　ツッ　ピン　と　び　う　お　ツッ　ピン　ピン
3. ツッ　ピン　ツッ　ピン　と　び　う　お　ツッ　ピン　ピン
9
Dm
Em
Dm
Em
ぎ　ん　の　つ　ば　さ　ツッ　ピン　ピン　あ　お　い　う　み　を　ツッ　ピン　ピン
ほ　そ　い　か　ら　だ　ツッ　ピン　ピン　し　ろ　い　な　み　を　ツッ　ピン　ピン
ひ　ろ　い　う　み　を　ツッ　ピン　ピン　な　み　を　けっ　て　ー　ツッ　ピン　ピン

13
F Am D G
む ね に あ さ ひ を う つ し て
お ち た ゆ う ひ を さ が し て
あ た ら し い く に み つ け に
17
C C7 F D♯dim C/E A7
く も ま で と ど く か ツッ ピン ツッ ピン
ど こ ま い で い く の か ツッ ピン ツッ ピン
お よ い で い こ う よ ツッ ピン ツッ ピン
21
1.2.
Dm G7 C G/B Am Dm G7 C
と び う お ツッ ピン ピン と び う お ツッ ピン ピン
と び う お ツッ ピン ピン と び う お ツッ ピン ピン
25
3.
Dm G11 C G/B Am Dm G7 C
rit.
a tempo
と び う お ツッ ピン ピン と び う お ツッ ピン ピン

4歳
8月

バナナの おやこ

●作詞／関　和男　●作曲／福田和禾子　●編曲／井上勝義

=112
C Cdim Dm G7 Gaug mp C
f
ちいさなちいさな
6 F C D7 G C G7 C
みなみのしまに
きいろいバナナの
おやこがほらね
かぜにゆられて
ユラユラ
11 G7 C G Gaug Em/G G7
バナナのおやこが
ユラユラ
「さあはやくちことばいくわよ
よういはいいかな？」
f
「さんハイ」
16 C G C G C
バナナのパパは
パパバナナ
バナナのママは
ママバナナ
バナナのこどもは

21
F G7 C
5
1.
2.
F
Em7
Dm7 G7 C
Dm7 G7 C C7
コ バ ナ ナ
パ パ バ ナ ナ
マ マ バ ナ ナ
コ バ ナ ナ
コ バ ナ ナ
26
F
Em7 A7
D7/C
G7
そ ん な バ ナ ナ
ニ コ ニ コ バ ナ ナ
きい ろ い バ ナ ナ の
お や こ が ホ ラ ネ
30
C
G7 C
G7 C
か ぜ に ゆ ら れ て
ユ ラ ユ ラ
バ ナ ナ の お や こ が
ユ ラ ユ ラ
34
F
Em7
Dm7 G7 C
G7+5
CM7
パ パ バ ナ ナ
マ マ バ ナ ナ
コ バ ナ ナ

むしの こえ

●文部省唱歌　●編曲／井上勝義

♩=80
F D♯dim Em7 A7 Dm7 G7+5 C F
f mf
あ れ ま つ
6
C Am D G7 C F C F Gsus4 G
mp
む し が な い て い る
チン チ ロ チン チ ロ チン チ ロ リン
11
C F C Am D G C F C F
あ れ す ず む し も な き だ し た
リン リン リン リン

rit. a tempo
mf
Gsus4 G C F C/E C Am D G F D♯dim
リーン リン あ きの よながを なきとお す ああ おも
Em7 A7 Dm7 G7+5 C F C
Fine
しろい むしのこ え キリキリ キリキリ
Am D G C F C F Gsus4 G C F
こおろぎ や ガチャガチャガチャガチャ くつわむし あとから
C Am D G C F C F Gsus4 G7
rit.
うまおい おいつい て チョンチョンチョンチョン スイッチョン
D.S.

ななつの こ（原調ト長調）

●作詞／野口雨情　●作曲／本居長世　●編曲／井上勝義

♩=92
F F7/E♭ B♭/D F/C C9 F
mf f
5
mf C F B♭ F B♭ F B♭ G7 C
mp
か ら ー す
な ぜ な く の
か ら す は や ま
に
9
F Dm G Gm/C C7/B♭ F
か わ い い
な な ー つ の
こ が あ る か ら
よ

13
C
mf
Am
Am7
f
Dm
かわい かわいと からすは なくの
17
C
p
C7/B♭
F
C/G
F
mf
B♭
G7/B
C
かわい かわいと なくんだ よ
21
F C F B♭ F/A B♭ F/A F F/A B♭ G7/B C
やまーの ふーるすへ いってみてごら ん
25
F F7/E♭ B♭ F/C Dm G7 Gm/C F
まーるい めをーした いーいーこだ よ

とんぼの めがね

●作詞／額賀誠志　●作曲／平井康三郎　●編曲／井上勝義

♩=112
C9 C F Dm G G7 C
mf
5
G Am7 G/B C F C
1. とん ぼ の め が ね は み ず い ろ め が ね
2. とん ぼ の め が ね は ぴ か ぴ か め が ね
3. とん ぼ の め が ね は あ か い ろ め が ね
9
F D♯dim C/E F C/E C G/B Am7 G
あー お い お そ ら を と ん だ か ら
おて ん と さ ー ま を み て た か ら
ゆう や け ぐ ー も を と ん だ か ら
13
C F G C6 C
と ん だ だ か ら ー
みと てん だだ かか らら ー
と ん だ か ら ー

やまの ワルツ

●作詞／香山美子　●作曲／湯山　昭　●編曲／井上勝義

♩=104
E♭ E♭6/B♭ E♭M7 E♭6/B♭
mp
E♭ A♭ Cm/G Fm B♭ E♭
mp
1. すてきな やまの よ うちえ ん は ちじに
2. すてきな やまの よ うちえ ん く ーじに
3. すてきな やまの よ うちえ ん じゅ うじに
F♯dim Fm7 Fm7/A B♭7 E♭sus4 E♭
なると リスの ぼうやが やってき ます
なると やぎの ぼうやが やってき ます
なると くまの ぼうやが やってき ます
mp
A♭ B♭ E♭
f
ロン リムリム ロン ラムラム ロン リムリム ロン
ロン リムリム ロン ラムラム ロン リムリム ロン
ロン リムリム ロン ラムラム ロン リムリム ロン

バスごっこ

●作詞／香山美子　●作曲／湯山　昭　●編曲／井上勝義

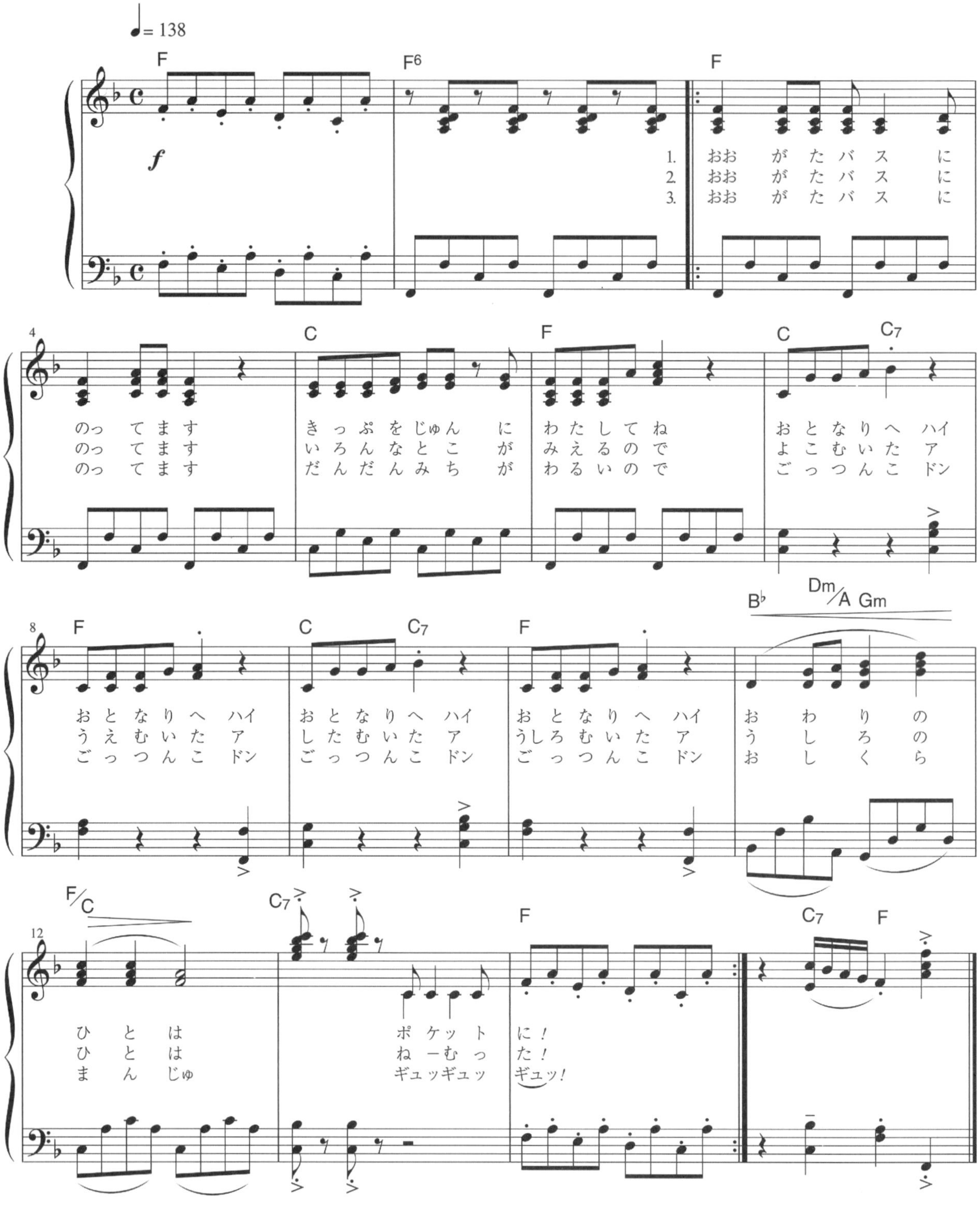
♩= 138
1. おお が た バ ス に
2. おお が た バ ス に
3. おお が た バ ス に
のっ て ま す
のっ て ま す
のっ て ま す
き っ ぷ を じゅん に わ た し て ね
い ろ ん な と こ が み え る の で
だ ん だ ん み ち が わ る い の で
お と な り へ ハイ お と な り へ ハイ お と な り へ ハイ お と な り へ ハイ
よ こ む い た ア う え む い た ア し た む い た ア うしろ む い た ア
ご っ つ ん こ ドン ご っ つ ん こ ドン ご っ つ ん こ ドン ご っ つ ん こ ドン
お わ り の ひ と は ポ ケッ ト に！
う し ろ の ひ と は ね ーむ っ た！
お し く ら ま ん じゅ ギュッギュッ ギュッ！

あきの バイオリン

●作詞／中村千栄子　●作曲／越部信義　●編曲／井上勝義

♩=128
mf
D Am D Am Dm7 F/A E7/D C9 C6 A/C♯ Dm
1. あ き の バイオリン
2. あ き の バイオリン
3. あ き の おんがくかい
G7/B G7 G7+5 C F G Gsus4
ちい さ な ー バイオリンは こお ろ ぎ ぼう や が ギュ ル ギュ ル ルン パ パ みたいに
か わ い い バイオリンは まいにちれんしゅう ギュ ル ギュ ル ルン おんが く かいまで
つ き よ の おんがくかい くつわむしすずむし ガシャガシャチ ロ ロン こおろ ぎ ぼうやも
G7 C F G7 Dm 1.2. G7 C
い つひけるか な ギュル ルン ルン ルン ギュル ルン ルン ルン さ あ もういちど ギュ ル ルン ルン ルン
も うじきだか ら ギュル ルン ルン ルン ギュル ルン ルン ルン さ あ もういちど ギュ ル ルン ルン ルン
キュ ルキュルコロ ロン ガ シャ ガシャ チロ ロン ギュル ギュル コロ ロン ほ ら じょうずでしょ ガシャ ガシャ
3. G7 C F G7 Dm G7 C
ギュルギュルコロ ロン ガ シャ ガシャ チ ロ ロン ギュ ル ギュル コ ロ ロン ほ ら じょう ず で しょ ガシャガシャ ギュルギュルコロ ロン

きのこ

●作詞／まど みちお　●作曲／くらかけ昭二　●編曲／井上勝義

♩= 132
D♭M7
C7
CM9 C7
F
f
き き きのこ き き きのこ
き き きのこ き き きのこ
Gm
C7
F
ノ コ ノ コ ノ コ ノ コ あるいたり しない き き きのこ
ニョキニョキ ニョキニョキ うでなんか ださない き き きのこ
C
F
き き きのこ ノ コ ノ コ あるいたり しないけど
き き きのこ ニョキニョキ うでなんか ださないが

25
Dm
Gm
Dm
ぎ ん の あ め あ め ふっ た ら ば せ い が の び て く
ぎ ん の あ め あ め ふっ た ら ば か さ が お お き く
31
C
F
る る る る る る る る い き て る い き て る
な る な る な る な る い き て る い き て る
37
Gm
F/C
C
F
い き て る い き て る き の こ は い き て る ん だ ね
い き て る い き て る き の こ は い き て る ん だ ね
43
D♭M7
C7
F

4歳
10月

ドロップスの うた

●作詞／まど みちお　●作曲／大中　恩　●編曲／井上勝義

♩= 96
D　A7　D　Em　A
mf
7　D　Em　A　D　A7
mf
1. むかし　なきむし　かみさまが
2. むかし　なきむし　かみさまが
13　Em　A7　D　F♯
mp
あさやけみて　ないて　ゆうやけみて　ないて　まっ　かな　なみだが
かなしくても　ないて　うれしくても　ないて　すっ　ぱい　なみだが

Bm Em F♯ A7 mf
ぽろん ぽろん きいろい なみだが ぽろん ぽろん それが
ぽろん ぽろん あまい なみだが ぽろん ぽろん それが
D F♯m/C♯ Bm Em D/A A7 D
せかいじゅうに ちらばって いまでは ドロップ スー
せかいじゅうに ちらばって いまでは ドロップ スー
A7 D A7 D
こども が なめます ぺろんぺろん おと
こども が たべます ちゅるんちゅるん おと
A7 D A7 D DM7
なが なめます ぺろんぺろん
なが たべます ちゅるんちゅるん

コロは やねの うえ

●作詞・作曲／大貫妙子　●編曲／井上勝義

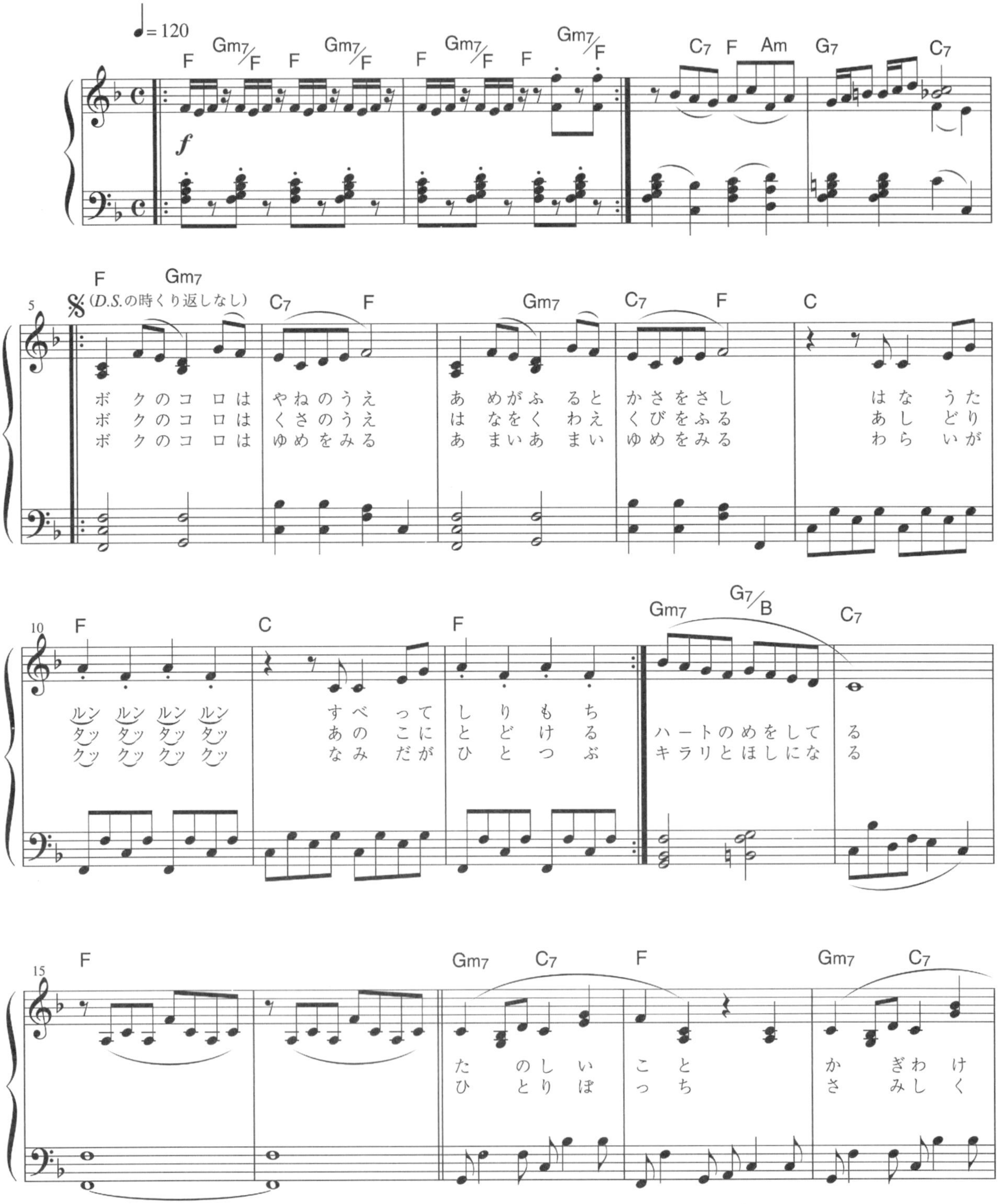
♩= 120
(D.S.の時くり返しなし)
ボクのコロは　やねのうえ　あめがふると　かさをさし　はなうた
ボクのコロは　くさのうえ　はなをくわえ　くびをふる　あしどり
ボクのコロは　ゆめをみる　あまいあまい　ゆめをみる　わらいが
ルン ルン ルン ルン　すべって　しりもち
タッ タッ タッ タッ　あのこに　とどける　ハートのめをしてる
クッ クッ クッ クッ　なみだが　ひとつぶ　キラリとほしになる
たのしいこと　かぎわけ
ひとりぼっち　さみしく

20
F F7 B♭aug Gm/B♭ To ⊕ B♭/C C B♭/C C F
ちゃう えらいはなを もっている
ない みんなねむる
D.S.
25
⊕ B♭/C C B♭/C C F Gm7 C7 F Gm7 C7 F
まちあかり くもにのって おさんぽする
31
F F7 B♭aug Gm/B♭ Gm7/C C7 Gm/C C F Gm7 G7/B C7
へんなやつを みかけたら ボクにおしえてよね
37
F Gm7/F F Gm7/F F Gm7/F F Gm7/F F Gm7/F F Gm7/F F Gm7/F F B♭/F F
mf
f

4歳
10月

おなかの へるうた

●作詞／阪田寛夫　●作曲／大中　恩　●編曲／井上勝義

♩=112
1. どうして おなかが へるのかな けんかを すーると へるのかな なかよし してても へるもんなー かあちゃん かあちゃん おなかと せなかが くっつくぞ
2. どうして おなかが へるのかな おやつを たべないと へるのかな いーくら たべても へるもんなー かあちゃん かあちゃん おなかと せなかが くっつくぞ

はしるの だいすき

●作詞／まど みちお　●作曲／佐藤　真　●編曲／井上勝義

♩=132
8va
mf
F
F7/C
4
B♭
F
B♭
mf
F
1. はしるのだいすき　タッ タタッ タタ
2. はしるのだいすき　タッ タタッ タタ
7
F7
B♭
E♭
つち をけって　くさ をけって　かぜ をけって
あし もはしる　むね もはしる　かお もはしる
10
B♭/D
F7
B♭
タッ タタッ タタッ タタッ タ　おもしろ　い
タッ タタッ タタッ タタッ タ　おもしろ　い

トム・ピリビ

TOM PILLIBI 「トム・ピリビ」

●作詞／Pierre COUR ●作曲／Andre POPP ●日本語詞／水野汀子 ●編曲／井上勝義

21
mf
A♭ B♭/E♭ A♭ Gm Fm B♭ E♭ Fm B♭7
しあわせなトムピリビなんでも
しあわせなトムピリビなんでも
おおぼらふきのトムピリビだけど
26
E♭ B♭/D Cm Fm Cm B♭ A♭ B♭/E♭ A♭ Gm
mp
mf
できるすてきなひとなかよしに
できるすてきなひとなかよしに
とってもおひーとよしなかよしに
31
Fm B♭ E♭ C Fm B♭
1.2.
E♭ B♭/D Cm Fm B♭
なりたいおおがねもちのトムーピリ
なりたいおおがねもちのトムーピリ
なりたいすてき
36
E♭
3.
E♭ B♭/D Cm Fm B♭7 E♭
ビ
ビ
なひとトムピリビ

もりの ファミリーレストラン

●作詞／冬杜花代子　●作曲／花岡優平　●編曲／井上勝義

♩=116
1.2. もりの おおきな くぬぎの きはね
もりの ファミリー レストラン
やまを こえて もりの おく りっぱな くぬぎの きが いっぽん
やまが あかく そまる ころ りっぱな くぬぎの きに どっさり
おおむかしから あるんです くぬぎの ちゃいろい
どんぐりの みが なるんです くぬぎの ふとった

17
G Am7/G G C/G G Am7
みきからはー たっぷりー おいしいー
どんぐりはー えいようー まんてんー
21
D
f
mf
C D7 G C D
きのジュースー むらさきちょうちょにさそわれてくわがたなかまが
あじもいいー しまりすほっぺにつめこんでのうさぎのねずみ
26
Am7 D7 G G♯dim Am D C Bm Am7 D G
なかよくランチ
おうちにはこぶ
もりのおおきなくぬぎのきはね もりのファミリーレストラン
31
1.
2.
C Bm Am D C Bm Am7 D G
もりのファミリーレストラン

はたけの ポルカ

●作詞／峯 陽　●ポーランド民謡　●編曲／井上勝義

♩=112
1. いちばんめの はたけーに キャベツーを うえたら となりの ひつじーが ムシャムーシャ たべた はたけーの まわりーで ポルカーを おどろう ひつじーを つかまえて ポルカーを おどろう
2. にばんめの はたけーに じゃがいーも うえたら ととなりのの こぶたーが パクパーク たべた はたけーの まわりーで ポポルルカーを おどろう こぶたーを つつかまえて ポポルルカーを おどろう
3. さんばんめの はたけーに こむぎーを うえたら ととなりのの にわとりが コッコココココ たべた はたけーの まわりーで ポポルルカーを おどろう にわとりを つつかまえて ポポルルカーを おどろう
4. よんばんめの はたけーに トマトーを うえたら となりの こうしーが クチャクーチャ たべた はたけーの まわりーで ポポルルカーを おどろう こうしーを つかまえて ポポルルカーを おどろう
5. ごばんめの はたけーに だいこーん うえたら みたこと ないような だいこーん できた はたけーの まわりーで ポルカーを おどろう だいこーん かこんーで ポルカーを おどろう

やきいもグーチーパー

●作詞／阪田寛夫　●作曲／山本直純　●編曲／井上勝義

♩= 126
G7
C
f
C
G7/D
G7
や きい もや きい も おな か がグー ほ かほ かほ かほ か
C
F
D7
あ ちち のチー た べた らな くな る な んに もパー そ れ
G7
1.
C
2.
C
や きい もま とめ て グー チー パー グー チー パー

そうだったら いいのにな

●作詞／井出隆夫　●作曲／福田和禾子　●編曲／井上勝義

♩=112
mf
C Am Dm G7 C C7 F E♭dim
そーうだったら いいのにな
G C C♯dim
そーうだったら いいのにな
うちのおにわがジャングルで
ちびっこギャングのおやぶんで
サンタクローースつかまえて
ママがこどもになっちゃって
まほうつかいときょうだいで
Dm G7 Gaug C C9
こいぬのタローがライオンだ
おおきなゴリラがようじんぼう
うちだけまいばんクリスマス
わたしがかわりにおかあさん
こまったとーきは☆
そーうだったら
F D♯dim G7 C
いいのにな
そーうだったら いいのにな

☆＿＿には好きなおまじないの呪文《じゅもん》を入れて下さい

こぎつね

●作詞／勝　承夫　●外国曲　●編曲／井上勝義

♩=100
Dm7 G7 C A7/C♯ Dm7 G7 C
mf
1.こ ぎ つ ね コン コン や ま の な か や ま の な か
2.こ ぎ つ ね コン コン ふ ゆ の や ま ふ ゆ の や ま
F C F C
G7 C FM7 G C
く さ の み つ ぶ し て お け しょ う し た り
か れ は の き も の じゃ ぬ う に も ぬ え ず
G7 C FM7 G C
も み じ の か ん ざ し つ げ の く し
き れ い な も よ う の は な も な し

あわてんぼうの サンタクロース

●作詞／吉岡　治　●作曲／小林亜星　●編曲／井上勝義

♩=104
F
B♭
Fdim
𝅗𝅥=126
N.C.
mp
f
mf
F
1. あ わ
B♭
F
D
G
C
てん ぼう の サ ン タ ク ロ ー ス ク リ ス マ ス ま え に や っ て き た い そ
てん ぼう の サ ン タ ク ロ ー ス え ん と つ の ぞ い て お っ こ ち た あ い
てん ぼう の サ ン タ ク ロ ー ス し か た が な い か ら お ど っ た よ た の
てん ぼう の サ ン タ ク ロ ー ス も い ち ど く る よ と か え っ て く さ よ
てん ぼう の サ ン タ ク ロ ー ス ゆ か い な お ひ げ の お じ い さ ん リン リン

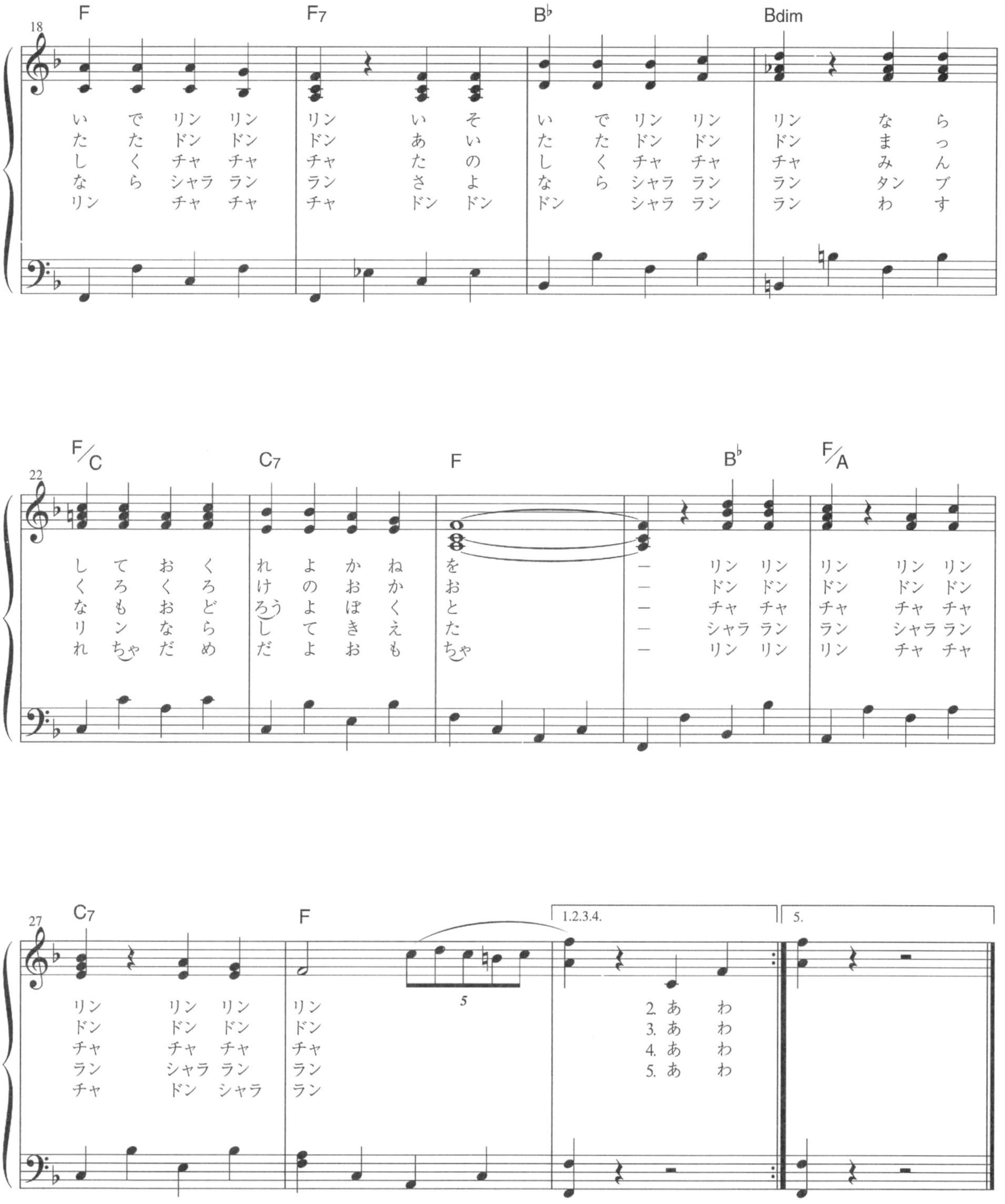
18
F F7 B♭ Bdim
い で リン リン リン い そ い で リン リン リン な ら
た た ドン ドン ドン あ い た た ドン ドン ドン ま っ
し く チャ チャ チャ た の し く チャ チャ チャ み ん
な ら シャラ ラン ラン さ よ な ら シャラ ラン ラン タン ブ
リン チャ チャ チャ ドン ドン ドン シャラ ラン ラン わ す
22
F/C C7 F B♭ F/A
し て お く れ よ か ね を ー リン リン リン リン リン
く ろ く ろ け の お か お ー ドン ドン ドン ドン ドン
な も お ど ろう よ ぼ く と ー チャ チャ チャ チャ チャ
リ ン な ら し て き え た ー シャラ ラン ラン シャラ ラン
れ ちゃ だ め だ よ お も ちゃ ー リン リン リン チャ チャ
27
C7 F
1.2.3.4.
5.
リン リン リン リン 2. あ わ
ドン ドン ドン ドン 3. あ わ
チャ チャ チャ チャ 4. あ わ
ラン シャラ ラン ラン 5. あ わ
チャ ドン シャラ ラン
5

うちゅうの うた

●作詞・作曲／福澤　諸　●編曲／井上勝義

♩=92
B♭ Bdim F/C D7 G9 C7 F
mf
1.よ ぞ
6
B♭ F B♭ B♭m F Gm C7
ら あ お げ ば うちゅ う が み え る うちゅ う に ほ し
ア ア フ リ カ アメ リ カ イ ン ド はな が さ い て
た かい ひ と やさ し い ひ ー と ちきゅ う に い き
11
F G7 Bm7-5 C Dm7/C Cdim C C7 𝄋 F B♭ F
が また た い て い る うちゅ う に で れ ば ちきゅ
る あか し ろ き い ろ さか な や む し や とり
る ひと が ー み え る よぞ ら の ほ し が かが
ら あ お げ ば うちゅ

B♭ B♭m F Gm C7 F To 𝄌 Gm7 C7
16
う が み え る う み に う か ん だ だ い ち が み え
や ど う ぶ つ ひ と と い っ しょ に だ い ち に い き
や く よ う に ひ と に は あ い が だ か が や い て い
う が み え る う ちゅ う に ほ し が ま た
1.2. 3.
21
F F C Dm
る 2. ア ジ る うちゅ う に は ほ し ちきゅ う に は は
る 3. あ た
26
Am B♭ B♭m F Gm7 C7 F C7
rit. a tempo
な ぼく ら に は あ い みん な きれいなも の そ し て よぞ
D.S.
32
𝄌 Gm7 C7 F
た い て い る

サンタは いまごろ

●作詞／名村　宏　●作曲／石川たいめい　●編曲／井上勝義

♩=136
F　Am/E　Gm/D　C7　F
mf
Dm
1. サ ー ン タ ー は い ま ご ろ な に し て る
2. サ ー ン タ ー は い ま ご ろ な に し て る
3. サ ー ン タ ー は い ま ご ろ な に し て る
Gm　C7　F
まっ か な ー よ う ふ く ー お せ ん た く
おお き な ー ふ く ろ を ー つ く っ て る
みん な に ー あ う ひ を ー ま っ て い る
Am　Gm/B♭　Gdim
シャ ンシャ ンシャ ラー ラ ー
シャ ンシャ ンシャ ラー ラ ー

17
F
Am
Gm
C
1.2.
F
シャ ンシャ ンシャ ラー
シャンシャ ンシャ ラー
シャン シャ ンシャ ララ ラ
ー
21
3.
F
Am
Gm/B♭
ー
シャ ンシャ ンシャ ラー ラ
ー
シャ ンシャ ンシャ ラー ラ
25
Gdim
F
Am
ー
シャ ンシャ ンシャ ラー
シャン シャ ンシャ ラー
28
Gm
C
1.
F
2.
F
シャン シャ ンシャ ララ ラ
ー
ー

ゆげの あさ

●作詞／まど みちお　●作曲／宇賀神光利　●編曲／井上勝義

♩=100
D DM7 D6 D DM7 D6
mf
5
D Bm Em
1. お は よう お は よう ゆ げ が で る は な か ら
2. こ ど も も お と な も ほ ら い ぬ も は な か ら
3. お は よう お は よう みん な お い で は な か ら
10
A D/F♯ G D/F♯ G D/F♯ D
く ち か ら ぽっ ぽっ ぽ ぽっ ぽっ ぽ き しゃ ぽっ ぽ み た い で
く ち か ら ぽっ ぽっ ぽ ぽっ ぽっ ぽ き しゃ ぽっ ぽ み た い で
く ち か ら ぽっ ぽっ ぽ ぽっ ぽっ ぽ き しゃ ぽっ ぽ しゅっぽっ ぽ で
15
Em A7 1.2. D A7 3. D
ゆ か い だ なな
ゆ か い だ な
あ そ ぼ う よ

ゆきの プレゼント

●作詞／まど みちお ●作曲／小谷 肇 ●編曲／井上勝義

♩=92
N.C. G7 C
mf
1.てんから やまに
2.てんから まちに
A7/C♯ Dm G7 C Dm G7
mp
プレゼント ちらちら ゆきの プレゼント もーりに
プレゼント ちらちら ゆきの プレゼント みーちに
C F C F D♯dim Em7 A7 Dm G7
mp
N.C.
いけに さるに しかに たーにの やまびこに ちらちら ちらちら
いえに バスに いぬに わたしの てぶくろに ちらちら ちらちら
mf G N.C. G7 C
プレゼント
プレゼント

ゆきって ながぐつ すきだって

●作詞／香山美子 ●作曲／湯山 昭 ●編曲／井上勝義

♩=126
1.ゆきって ながぐつ すきだって ピョントン ピョントン ピョントン ピョン キュッ クククク クククク キュッ クククク ククク ほら!
2.ゆきって てぶくろ すきだって パッポン パッポン パッポン パッ アッ タタタタ タタタ アッ タタタタ タタタ ほら!
なーがいレールが ついてくる キュッ クククク ククク キュッ クククク ククク ピョントン ピョントン ピョントン ピョン パッポン パッ
ゆきんこみたいに なっちゃった アッ タタタタ タタタ アッ タタタタ タタタ パッポン パッポン

かごめ かごめ

●わらべうた ●編曲／井上勝義

♩=96
Am Em7 Am Em/G Am Em7 Am
mp
か ご め か ご め
5 Em/G Am Em Am Em Am Em Am Em
か ご の な か の と り ー は い つ い つ で や ー る
9 Am Em7 Am Em Am Em
よ あ け の ば ん に つ る と か め と
12 Am Em Am Em7 Am Em Am
す べ っ た う し ろ の しょう めん だ あ れ

もしも コックさんだったなら

●作詞／山本瓔子 ●作曲／小宮路敏 ●編曲／井上勝義

♩= 132
1.2. もしも ぼくが コックさん だったなら
ほっきょくの こおりの なかに
たいへいようの スープの なかに
さとうと ミルクを いれて
おそらの わたぐも いれて
とびきり じょうとうの アイスクリームを つくりたい
とびきり じょうとうの シチューを つくりたい
せかいじゅうの こどもたちの デザートさ
せかいじゅうの おかあさんの てつだいさ

たのしいね

●作詞／山内佳鶴子 補作／寺島尚彦　●作曲／寺島尚彦　●編曲／井上勝義

♩= 132
Gm C7 F
f
C7 F
mf
B♭
1. たのしいーね(手拍子)りょう
2. たのしいーね(ラララン)くー
3. ランラランララ ラン(ラララン)ララ
C7 F B♭ C7 F
てをあわすと(手拍子) たのしいーね(手拍子)パチン とおとがする(手拍子)
ちをあけると(ラララン) たのしいーね(ラララン)いろんなこえがでる(ラララン)
ランラランララ ラン(ラララン) ランラランララ ラン(ラララン)ララ ランラララララ ラン(ラララン)
Gm C/E F F7 C7 D7 Gm Gdim F F♯dim Gm
あなたのみぎて わたしのひだりて あわせてみよう(ほらね) ぐっとすてきな おとがする
あなたのこえと わたしのこえを あわせてみよう(ほらね) ぐっとすてきな うたになる
みんなでてびょうし みんなでうたおう あわせてみよう(ほらね) ぐっとたのしい おとがする
C7/E F D7 Gm C7 F
1.2.
C7 F
3.
F C7 F
ぐっとあかるい おとがする おとがする
ぐっとあかるい うたになる うたになる
ぐっとたのしい うたになる
うたになるヘイ

ウンパッパ

OOM-PAH-PAH （ウンパッパ）
Words & Music by Lionel Bart ●日本語詞／峯　陽 ●編曲／井上勝義

♩=132
1. うたにねがいをこめてうたえばひろばでまちでこうえんでたのしいうたがことりのようにみんなのゆめをうたいだす
2. こころのなかをのぞいてみられるめがねがあったらべんりだなあのこははやくおとなになってまいにちダンスをしてみたい
3. ゆめをだいじにしながらこどもはすてきなおとなになるでしょうおとなはいつかとしよりになってむかしのおもいでうたうでしょう

21 F G7 C
ウン パッ パ ウン パッ パ だ れ で も ウン パッ パ
26 F C7 F
ウン パッ パ しっ て い る
き み と ぼ く と は
どん な に す ま し て
こど も も お と な も
31 G 1.2. C C7 F
と も だ ち さ だ か ら ウン パッ パ
か く し て も だ め よ ウン パッ パ
あ か ちゃ ん
36 C7 3. G7 C7 F
ー ー も いっしょ に ウン パッ パ

ゆかいに あるけば

THE HAPPY WANDERER （ゆかいに歩けば）

Words by Florenz Siegesmund and Antonia Ridge
Music by Friedrich Wilhelm Moeller
●日本語詞／保冨康午　●編曲／井上勝義

𝅗𝅥=96
G7　C　F　Dm7
f
7
C/G　G7　C
mp
G7　G7/C　C
13
A7　Dm　G　G7
1. ゆ
かいにあるけばうたもはずむーおひさ
にのおがわがはなしかけるーきみた
どのこかげでひるねをすりゃーこと

19
C Dm C/G G7 C
まきらきらかぜもあおい
ちどこまであるくのかね
がおいでとむかえにくる
25
G7 C G7
ー バル デ リ ー バル デ ラ ー バル デ ロ
31
C G7 C
ー バル デ ホ ホ ホ ホ ホ ホ バル デ リ ー
いこう
いこう
いこう
37
C/E F Dm7 C/G G7 C
1.2.
3.
C
ー ゆかいなたび ー 2. た ー
ー あかるいみち ー 3. み
ー もりにおかに

さあ ぼうけんだ

●作詞／森高千里・S.Itoi　●作曲／カールスモーキー石井　●編曲／井上勝義

♩=108
はれたひは でかけよう どこかとおく へ し らないとこ めざ してあるいてゆ
こう さあぼ うけんだー きのうより きょうがすき あたらしいから ワ
クワクする この きもちなんだろ う さあ ぼうけんだー

25
f
Am7 D Bm7 Em Am7 D Bm7 Em Am7 D Bm7 Em
まよ いみちう ーらみちー しんごう ガ ードレール かぜ にたずね ーながらー お
いえ のなかに ーいてもー そうだつまん ーなーいー いぬ にみちを ーきけばー ど
31
Am7 D6 G C G Am7 Bm7 Am7 G Am7 Bm7 B♭m7
mp mf
きらくにゆ こ うー はれ たひ は でか けよう ここ ろはだか で う
こへでもゆ け るー はれ たひ は でか けよう くち ぶえふい て か
37
Am7 D Bm7 Em C9 C9/D D7 G G7
1.
れしいこと さが してあるいてゆ こう さあ ぼ う け ん だ ー
なしいこと わす れてあるいてゆ こう さあ ぼ う け ん だ
43
♩=92
G Am7 D Bm7 Em Am7 C9/D D7
2. rit.
ー イ ソイソする この きもちなんだろ う さあ ぼ う け ん だ
48
G C G C G C G
a tempo rit.
ー

のぎく

●作詞／石森延男　●作曲／下総皖一　●編曲／井上勝義

♩=108
mf
1.とおいやまから ふいてーくる こさむいかぜに ゆれなーがら けだーかく きよく におうは なな きれいない のぎく うすむらさきよ
2.あきのひざしを あびてーとぶ とんぼをかろく やすまーせて しずーかに さいた のべのはなな やさしいのぎく うすむらさきよ
3.しもがおりても まけなーいで のはらややまに むれてーさき あきーのなごりを おしむはなな あかるい のぎく うすむら さきよ
1.2.
3.

すうじの うた

●作詞／夢　虹二　●作曲／小谷　肇　●編曲／井上勝義

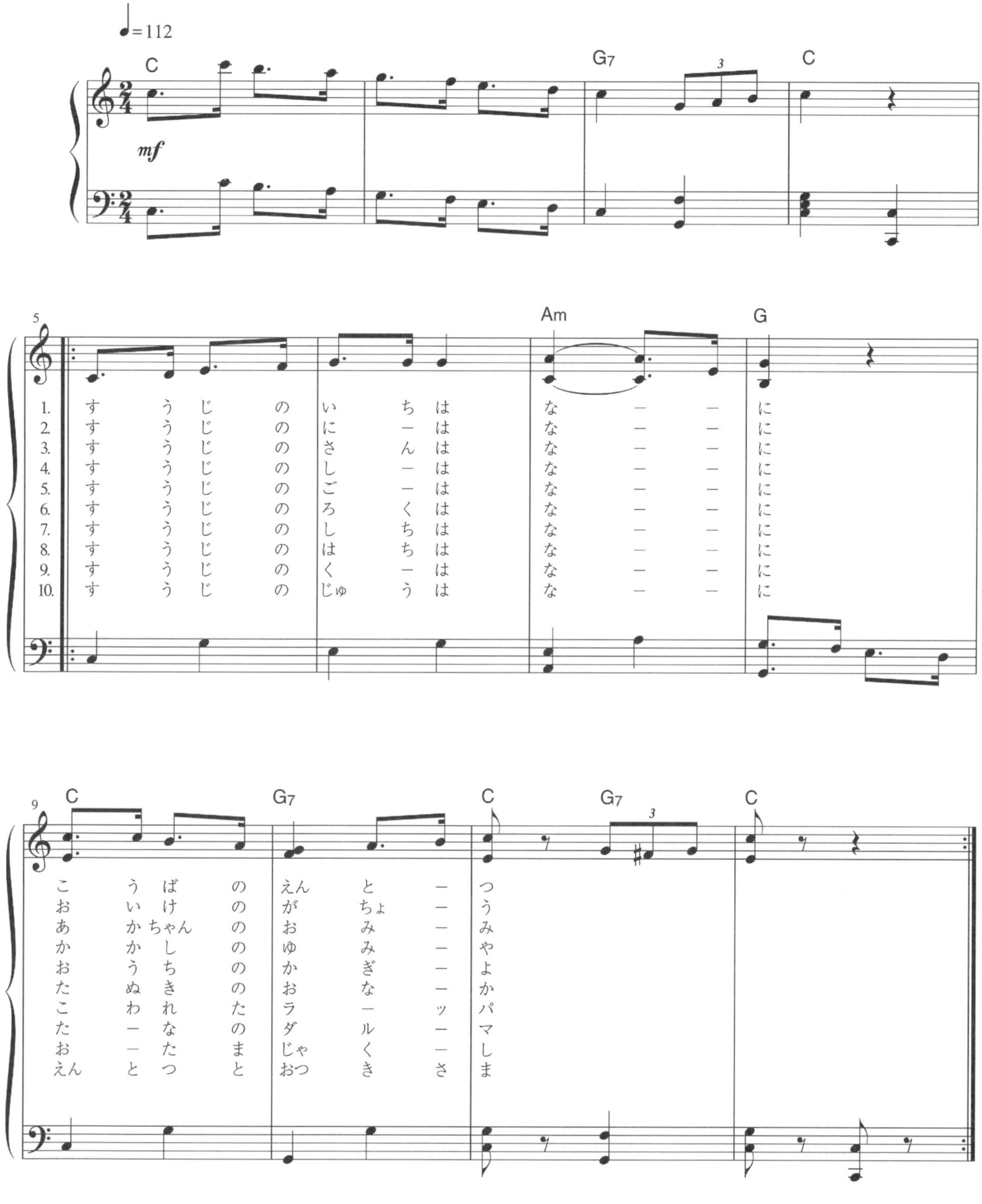
♩=112
C G7 C
mf
Am G
C G7 C G7 C
1. すうじの いちは なーーに こうばの えんとーつ
2. すうじの にーは なーーに おいけの がちょーう
3. すうじの さんは なーーに あかちゃんの おみーみ
4. すうじの しーは なーーに かかしの ゆみーや
5. すうじの ごーは なーーに おうちの かぎーよ
6. すうじの ろくは なーーに たぬきの おなーか
7. すうじの しちは なーーに こわれた ラーッパ
8. すうじの はちは なーーに たーなの ダルーマ
9. すうじの くーは なーーに おーたま じゃくーし
10. すうじの じゅうは なーーに えんとつと おつきさま

ハロー・マイフレンズ

●作詞／及川照子　●作曲／松本俊明　●編曲／井上勝義

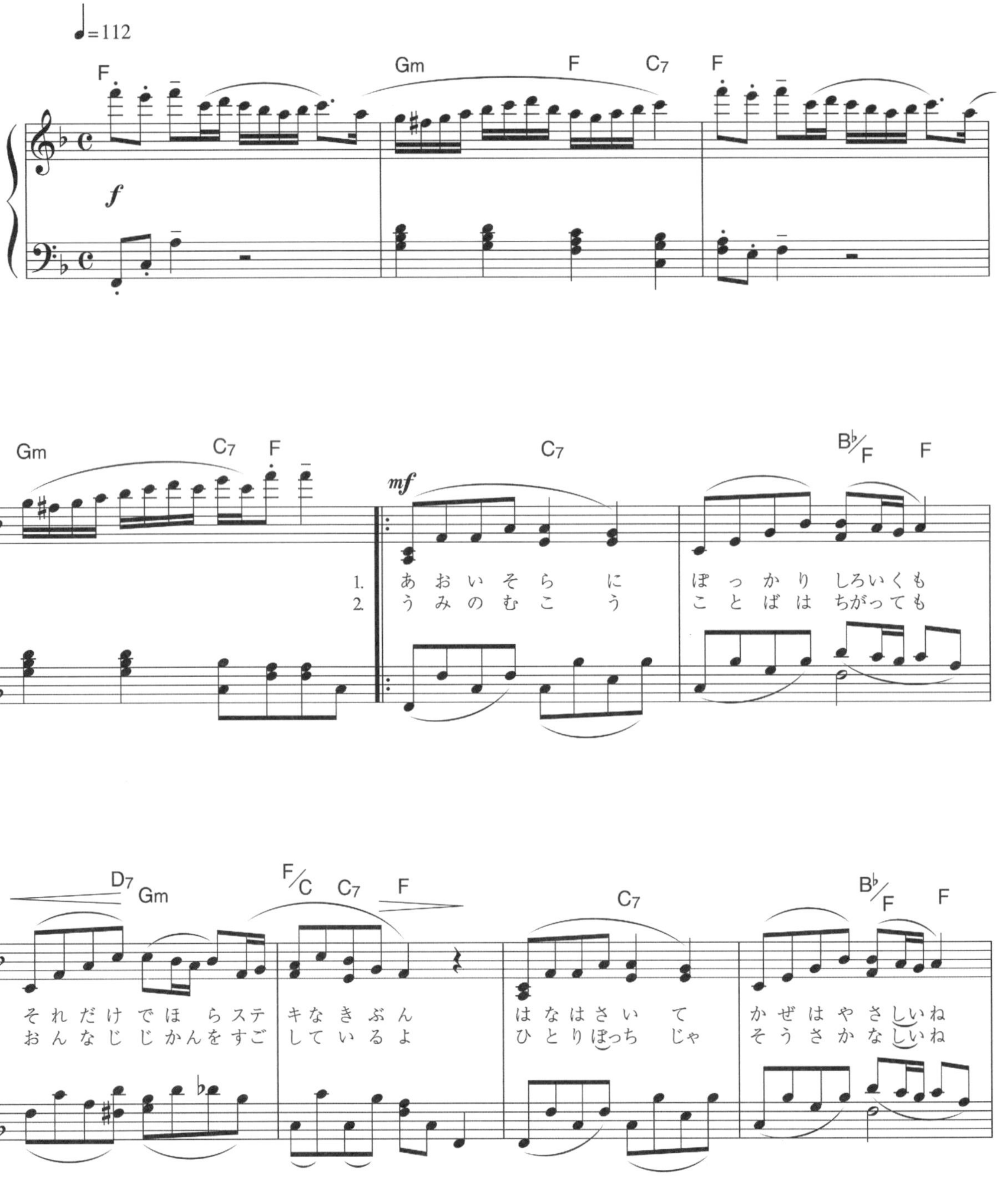
♩=112
F Gm F C7 F
Gm C7 F C7 B♭/F F
D7 Gm F/C C7 F C7 B♭/F F
1. あおいそらに ぽっかりしろいくも それだけでほらステキなきぶん はなはさいて かぜはやさしいね
2. うみのむこう ことばはちがっても おんなじじかんをすごしているよ ひとりぼっちじゃ そうさかなしいね

D7 Gm B♭m F/C C7 F
f
Gm C7 F
ちきゅうはぼくらの　たからじま　ハ　ロー　マイ フレンズ　ハ　ロー　マイ ワールド　きょ
こころはかみさまの　おくりもの　(ハ ロー) (マイ フレンズ) (ハ ロー) (マイ ワールド)
Gm7/F F G7/F C F Gm C7 F
うはしらない　キミとぼくも　ハ　ロー　マイ フレンズ　ハ　ロー　マイ ワールド　あ
(ハ ロー) (マイ フレンズ) (ハ ロー) (マイ ワールド)
Gm7/F C7 F Fine
1. C9 F6 Gm C7 F
したはきっと　ともだちさ
2. F C/E F7/E♭ B♭ B♭m F/C G7/B C7
もりもかわも　とりもたいようも　みんなみんなだいじなともだちハ
D.S.

ケンカの あとは

●作詞／荒木とよひさ ●作曲／三木たかし ●編曲／井上勝義

♩=120
F Dm Gm C7 F Dm Gm7 C7 C7+5
mf
F Dm B♭ F/A F F7 D7 G C
1.ケン カ のあ とー は かなし いな なみだ がいっ ぱ い こ ぼれ ちゃう
2.ケン カ のあ とー は さ みし いな な んだ か む ね が い たく な る
F Dm B♭ F/A B♭ F/A Gm7 C7 F
ほ んと はとっ て も す きな のに き らい だな ん て いっ ちゃっ て
ご めん なさ い が い えな くて ひ とり ぼっ ち で さみ しい な
Dm Gm C7 F Dm Gm C7
ほっ ぺ に Chu ケン カ のあ とー は ほっ ぺ に Chu ケン カ のあ とー は
ほっ ぺ に Chu ケン カ のあ とー は ほっ ぺ に Chu ケン カ のあ とー は

17
F Dm Gm C7 Am D7 Gm C7
ほっ ぺ に Chu で も ちょっ とは ずか し い
ほっ ぺ に Chu で も ちょっ とは ずか し い
21
F Dm Gm C7 F Dm Gm C7
ほっ ぺ に Chu おひさま がみてるか ら ほっ ぺ に Chu おひさま がみてるか ら
ほっ ぺ に Chu タンポポ がみてるか ら ほっ ぺ に Chu タンポポ がみてるか ら
25
F Dm Gm C7 F Dm
To Φ
1. Gm C7 C7+5
2. Gm C7
ほっぺ にChuで も ちょっ とは ずか し い
ほっぺ にChuで も ちょっ とは ずか し い
D.S.
Φ
30
Gm C7 F F9

LET'S GO! いいこと あるさ

GO WEST Words by Henri Belolo
Music by Jacques Morali
●編曲／井上勝義

♩=116
A E C♯ F♯m C♯m7
mf
D A Bm7 E7 Esus4 E
A E F♯m C♯m D
さあ げん き よーくー きみ ーも こえ だ しーてー きょう ーの いち
ほら わら っ たーらー きも ーち かる く なーるー そう ーさ さい
ころ とじ な いーでー いつ ーも しあ わ せーをー つよ ーく のぞ

15
A Bm7 A/E E7 E A E
にちーをいっ しょにはじ めよーうーたと ーえとも だちーとーうま
しょかーらい つもほほ えもーうーみん ーないい やつーさーだか
んだーらき っとつか めるーさーみん ーなふれ あーってーそし
20
F♯m C♯m D A Bm7 To 𝄌
ーくいか なくーてーすこ ーしおちこ んでてもーへい きさがん
ーらはな しあーってーきも ーちつた われーばーそう ーさわかりあ
ーてたす けあーってーひと ーのかな しみーをーわか ってあげら
25
A/E E7 E A E/G♯ F♯m C♯m
(GO!) (GO!)
ばろーうー LET' S GO! とび だそーうー LET' S GO! ゆう きだしてー LET' S
れるーさー LET' S GO! とび だそーうー LET' S GO! ゆう きだしてー LET' S
30
D A Bm7 1. E7
(GO!)
GO! こん どこーそー LET' S GO! いい こと あるーさー
GO! こん どこーそー LET' S GO! いい こと

2.
E7 A E/G♯ F♯m
あ るー さー LET' S GO! (GO!) ほ ら き みー もー LET' S GO! (GO!) ゆ う
C♯m D A Bm7
き だ し てー LET' S GO! (GO!) こ ん ど こー そー LET' S GO! しん じ あ
E7 C♯m F♯m Bm7 E7 A
お うー よー き みー の ひ とー みー は もう ー く も ら な いー
C♯m F♯m Bm7 A/E E7
だ っー て み んー なー は もう ー な か ま だ か らー こ
D.S.

52
A/E E7 A E F♯m C♯m7
れ れーばー
GO GO
GO LET'S GO!
GO GO
GO LET'S GO!
57
A A Bm7 D/E E A
GO GO
GO LET'S GO!
S U P E R
SUPER P-kies!
LET' S
GO! GO
GO! とび
62
E F♯m C♯m D A
GO
だ そーうー LET'S
GO GO
GO! ゆう
GO
きだして ー LET' S
GO GO
GO! こん
GO
ど こーそ ー LET' S
67
Bm7 E7 F G A
rit.
GO! いい こ と
あ るーさー

うたえ てのひら

●作詞／名村　宏　●作曲／越部信義　●編曲／井上勝義

♩=138
1.2. う た え て の ひ ら ー
パン パン パン パ パン パンー
う た え て の ひ ら ー
パン パン パン パ パン パンー
ち い さ な ち い さ な
て の ひ ら を ー
て びょ う し で ー

17
Gm C F B♭ A
つなげば わになる うたになる ー
ちきゅうは ひとつの うたになる ー
21
D7 Gm C7 F
こわれた バケツもー あきかんも
こわれた やかんもー あきびんも
25
G7 C7
うたを しってるー うたーいだすー
29
F F7 B♭ B♭m C7
うたえ てのひらー パン パン パン

33
F
F7
B♭
B♭m
C
パ パン パンー
う た え
て の ひ ら ー
パン パン パン
37
1.
F C7 F
パ パン パンー
2.
F C7 F
パ パン パンー
F7
B♭
B♭m
う た え
て の ひ ら ー
41
C
F
パン パン パン
パ パン パンー
F7
B♭
B♭m
う た え
て の ひ ら ー
45
C
パン パン パン
1.
F C7 F
パ パン パン ー
2.
F C7 F
パ パン パン ー

はるが きた

●作詞／高野辰之　●作曲／岡野貞一　●編曲／井上勝義

♩=120
B♭ B♭7 E♭ C♯dim B♭/F F7
mf f
B♭ E♭m/B♭ B♭ E♭ B♭
mp
1. はるがきた はるがきた
2. はながさく はながさく
3. とりがなく とりがなく
E♭ B♭/D B♭ C7 F B♭ E♭
mf
どこにきた やまにきた さとにきた
どこにさく やまにさく さとにさく
どこでなく やまでなく さとでなく
f
B♭/F F B♭ B♭
1.2. 3.
のにもきた
のにもさく
のでもなく

うたえバンバン

●作詞／阪田寛夫　●作曲／山本直純　●編曲／井上勝義

♩=126
Fm Dm7-5 C G7
mf f
C A7
mp
くーちをお おきく あけまして うたってご らん
カッカカッカプ ンプン するかわり うたってご らん
むーねをグ ーンと はりまして うたってご らん
Dm C G7
アイ アイ アイ その うたグ ングン ひろがって だれかのこ ころと
アイ アイ アイ ちょっぴりお なかも へるけれど こころがド カンと
アイ アイ アイ いつでもど こでも どなたでも こころがホ カホカ
C G7/D C/E G7/D
p f
こんにちは ああ あ いい なな うたご えは アイ アイ
ひらきます ああ あ いい なな あおい そら アイ アイ
あったまる ああ あ いい な うたご えは アイ アイ

C/E Fm Dm7-5 C C/G G7
mp
アーイ ー せかい いっぱい いっぱい いっぱい ララ ひびきあ
アーイ ー あたら しいひが いいーま ララ ひやってく
アーイ ー うちゅう いっぱい いっぱい いっぱい ララ ひびきあ
C A7
f
う ー
る ーうたう たえ うたう たえ うたえ バン バン バン バン
う ー
Dm G
バン ーうたう たえ うたう たえ うたえ バン バン バン バン
1.2.
3.
C C G7
バーン
バーン うたえ
バーン バーン
F/G G7 C Fm C
バーン バーン
バ ン

あかい やねの いえ

●作詞／織田ゆり子 ●作曲／上柴はじめ ●編曲／井上勝義

♩=132
C F/C C E7
mp
でん しゃ の まど か
び し て み て
7 Am C7 F C Fm
ら みえ る あ かいや ね は ちい
も ある ひ あ かいや ね は かく
13 C E7 Am E♭dim Dm7 G7
f
さ い こ ろ ぼ く が すん で た あ の い
れ て し まっ た よ ビル の う ら が わ
19 C F G9 G9+5 Em7 A7
え ー に わ に う め た か き の タ ネ
に ー い つ か い つ か ぼ く だっ て

Dm G7 C G7 C C7 F G9
おお き く な っ た か な ど ク レ ヨ ン の ら
お と な に な る け ど ひ み つ だ っ た
Em7 Am D7 F/G
く が き は ま だ か べ に あ る か な
ち か み ち は ら っ ぱ は あ る か な
G mp C E7 Am E♭dim f
い ま は ど ん な ひ と が す ん
ず っ と こ こ ろ の な か あ か
C Dm7 G7 C F F6 F
で い る あ の い え
い や ね の い え
G 1. C Fm C 2. C rit. Fm C
せ の

いっぽんでも にんじん

●作詞／前田利博　●作曲／佐瀬寿一　●編曲／井上勝義

B♭ F Gm Dm
1.
きゅう はい で ー も
ジュー ー ス
じゅーっ こ で ー も
イ チ ゴ
イ チ ゴ ニ ン ジン
G Dm G7 Dm
3
サ ン ダ ルヨッ ト
ゴ マ シ オ ロ ケーット
シ チメンチョウ
ハ チ クジラ
ジュー ー ス
G B♭ Asus4 A
2.
Dm
いっ ぽん に ーそ く
G Dm G Dm
さ ん そう よ つ ぶ
ご だ い ろ く ー わ
し ち ー ひ き
はっ とう きゅう はい
じゅー っ こ

おはなしゆびさん

●作詞／香山美子　●作曲／湯山　昭　●編曲／井上勝義

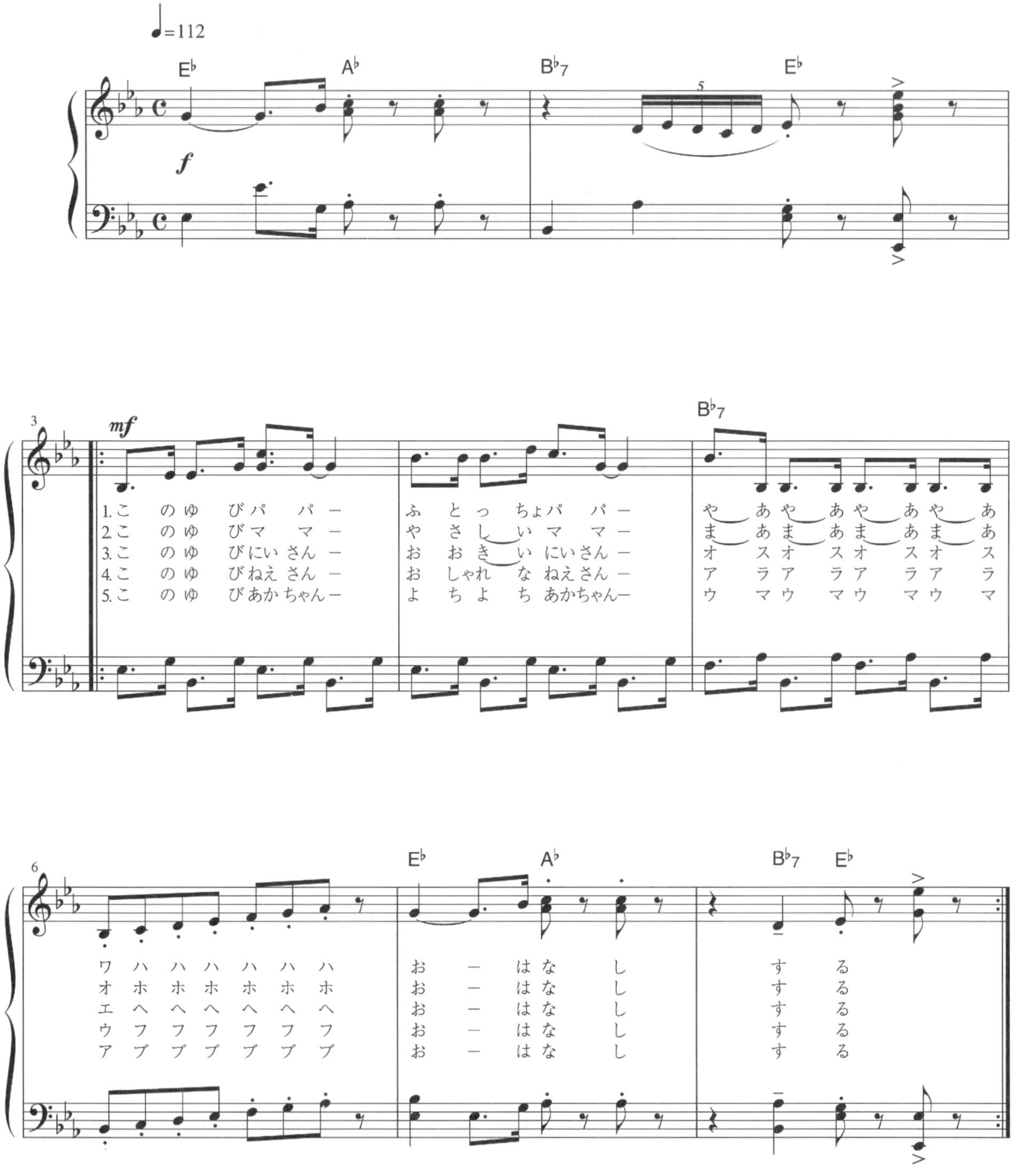
♩=112
E♭ A♭ B♭7 E♭
f
mf
B♭7
1.このゆびパパー　ふとっちょパパー　やあやあやあやあ
2.このゆびママー　やさしいママー　まあまあまあまあ
3.このゆびにいさんー　おおきいにいさんー　オスオスオスオス
4.このゆびねえさんー　おしゃれなねえさんー　アラアラアラアラ
5.このゆびあかちゃんー　よちよちあかちゃんー　ウマウマウマウマ
E♭ A♭ B♭7 E♭
ワハハハハハハ　おーはなし　する
オホホホホホホ　おーはなしし　するる
エヘヘヘヘヘヘ　おーはなしし　するる
ウフフフフフフ　おーはなしし　する
アブブブブブブ　おーはなし　する

すずめが サンバ

●作詞・作曲／かしわ哲　●編曲／井上勝義

♩=132
D9 Fm7 Em Aaug D
1. でんしんばしらの
2. ゆうやけぞらーの
3. まんまるおつきさんの
Bm Em A7 D F♯ Bm
うえでー すずめが 1 2 サンバー たのしくおどって いるよー
まちでー すずめが 1 2 サンバー なかよくおどって いるよー
したでー すずめが 1 2 サンバー まだまだおどって いるよー
Em D/A A7 D Em A7
すずめが サンバ おどってる ハイ！ すずめが サンバ サンバ うかれて
すずめが サンバ おどってる ハイ！ すずめが サンバ サンバ おどけて
すずめが サンバ おどってる ハイ！ すずめが サンバ サンバ よろけて
D Em A7 D
サンバ サンバ すずめが サンバ サンバ かぜにゆられて サンババ
サンバ サンバ すずめが サンバ サンバ ぜんぶまとめて サンババ
サンバ サンバ すずめが サンバ サンバ みんなおやすみ サンバ

おかあさん

●作詞／中川李枝子　●作曲／久石　譲　●編曲／井上勝義

♩= 96
1. お か あ さ ん が まっ て い る か ら う さ ぎ に な っ て と び は ね て い き た い な ー
2. お か あ さ ん が よ ん で い る の み み を す ま せ ば き こ え る や さ し い こ え ー
こ と り に な っ て あ お い そ ら と
わ た し も よ ぶ の お か あ さ ん げ

A♭/C
B♭7
G7
mp
C
んでいけたらなはやく
んきになってねとそっと
20
A♭
p
B♭7
f
E♭
あいたいおかあさんにーとび
つぶやくまほうのゆびでーあん
あさんはーかな
23
B♭/D
A♭/C
Bdim
B♭7
ついてーおはなししたいのあのことーふた
でくれるーわたしのおさげをかたちよくーかが
しくてもーなきがおなんかみせないわーいつ
26
E♭
B♭/D
A♭
りきりでーきいてほしいのわたしのーねが
みのまえのーすましたふたりにているーかし
もきれいーほほえんでるーわたしもーわら
29
F7/C
mp
A♭
B♭
G7
To Coda
ーいらだれにーもいえないひみ
ーらしあわーせおはなもゆれ
ーうだいすーきすてきなおかあ

32
1.
A♭
accel.
B♭7
E♭
つ
f
35
B♭/D
Cm
Gm
38
A♭
E♭
Fm
41
B♭7
rit.
2.
A♭m7
B♭7
る
お か
D.S.
44
A♭
B♭7
rit.
E♭
さん

サッちゃん

●作詞／阪田寛夫　●作曲／大中　恩　●編曲／井上勝義

パパは ママが すき

PAPA AIME MAMAN 「パパはママが好き」

●作詞／Robert CHABRIER ●作曲／Joseph MOUTET ●日本語詞／薩摩 忠 ●編曲／井上勝義

=120 (Tempo di Cha cha cha)
1. うち の パパ と ママ とは とて も あまい ふう ふ パパ は ママ が だい すき ママ も パパがすき さ ママ ママ びじん で パパ パ ハンサ
のたいた ごは んは いつ も おこげ だけ ど パパ は いつも にこ にこ もん くひとつでな い ママ ママ しおれ るん パパ パ なだめ
がきたら うま れる かわ いい かわいい あか ちゃん ぼく も すこし いば れる だっ てあにきだも の ママパ パ ごきげ ん ママ マ ごきげ

C A7 Dm G7 C A7 Dm G7
ム マ マ や さ し い パ パ や さ し
る マ マ わ ら え ば パ パ ほ ほ え
ん ぼく も ご き げ ん みん な ご き げ
1.2.
3.
21
C G7 C C A7 Dm G7 C A7
い 2. マ マ ん ラ ラ ラ ラ ラ ラ ラ
む 3. ふ ゆ
25
Dm G C A7 Dm G7
ラ ラ ラ ラ ラ ラ ラ ラ ラ ラ
28
C A7 Dm G7 C G7 C
ラ ラ ラ ラ ラ ラ ラ

おお まきばは みどり

●作詞／中田羽後　●チェコスロバキア民謡　●編曲／井上勝義

♩=112
1. おおまきばは　みどり　くさのうみ
2. おおきけうた　のこえ　わこうどらが
かぜがふーく　おおまきばは　みどり　よくしげった　ものだ（ホイ）
うたうのーか　おおきけうた　のこえ　はれたそら　のもと（ホイ）
ゆきがとけて　かわとなって　やまをくだり　たにをはしるー
のをよこぎり　はたうるおし　よびかけるよ　わたしに

せかいじゅうの こどもたちが

●作詞／新沢としひこ　●作曲／中川ひろたか　●編曲／井上勝義

♩=120
C D7 Bm E7 Am D7 G C G
mf f mf
せかい
G Am
じゅう のこどもたちが いちどに
わらったら そらも
なーいたら そらも
うたったら そらも
To ⊕ 1. 2.
D7 C D7 G G
わらうだろう ラララ うみもわらうだ ろう せかい う ひろげ
なーくだろう ラララ うみもなくだろ
うたうだろう ラララ うみもうたうだ
B Em A D B
ようぼくらの ゆめをとどけ ようぼくらの こえをさかせ ようぼくらの
Em A D G
はなをせかい に にじをかけ よう せかい ろう
D.S.

おおきな ふるどけい

●作詞／保冨康午 ●作曲／ワーク ●編曲／井上勝義

♩= 104
G D G7 C Adim G/D D7
G D G7 C Adim G/D D7
1. お
おおきなのっぽのふるどけい おじいさんのとけ
なんでもしってるふるどけい おじいさんのとけ
よなかにベルがーなった おじいさんのとけ
G D G7 C Adim G/D D7
い ひゃくねんいつもうごいていた ごじまんのとけい
い きれいなはなよめやってきた そのひもうごいて
い おわかれのときがきたのをみなにおしえたの
G Em C G/B Bm Em
さ おじいさんのうまれたあさに かってきたとけい
た うれしいこともかなしいことも みなしってるとけいか
さ てんごくへのぼるおじいさん とけいともおわか

17
A7 D G D G7 C Adim G/D D7
mp
さ い ま は もう う ご か な い そ の と け
さ い ま は もう う ご か な い そ の と け
れ い ま は もう う ご か な い そ の と け
21
G Am D G Am D
mp
い ひゃ く ねん や す ま ず に チク タク チク タク お じい さん と いっ しょ に
い ひゃ く ねん や す ま ず に チク タク チク タク お じい さん と いっ しょ に
い ひゃ く ねん や す ま ず に チク タク チク タク お じい さん と いっ しょ に
25
G D G D G7 C Adim
mf f
チク タク チク タク い ま は もう う ご か な い そ の
チク タク チク タク い ま は もう う ご か な い そ の
チク タク チク タク い ま は もう う ご か な い そ の
28
G/D D7 G Gsus4 G
1. 2.
と け い 2. な い
と け い 3. ま
と け

あめの ゆうえんち

●作詞／谷内六郎　●作曲／中村八大　●編曲／井上勝義

♩=116
D G Gm9 E9 A7 D G D
mf
5 𝄋 mp
D G D E9 A
1.こ だ ーち ーも ぶ らん こも メ リ ーゴ ーラン ド も
2.こ だ ーち ーも ぶ らん こも メ リ ーゴ ーラン ド も
To 𝄌 1. 2.
9
D D7 G Gm9 E9 A7 D D
ベ ン ーチ ーも み ん なみ んな あ め にぬ れて い た ろ
ベ ン ーチ ーも み ん なみ んな ね ず ーみ ーい ー
14
Bm F♯/A♯ Bm A7 D G Bm F♯ G A7
ね ず み い ろ の あ め の な か ひ と り

19
D A/E D/F♯ Em6/G F♯sus4 F♯ Bm F♯ Bm A7
ぼっちの こすずめ と ひとり ぼっちの
24
D G Bm F♯ G A7 D A D/F Em F♯
おんなの こ おはなし している かさのな
29
B Em Em9 Em
mp
か しろい レインシューズ に しずくがひか る ひかる
35
Em9 Em A7 D D6
rit.
しずーくに なみだがひか る ろ
mp
D.S.

ラジャ・マハラジャー

●作詞／福田三月子　●作曲／吉川洋一郎　●編曲／井上勝義

♩=140
C
mf
C F G7 C
1. インドのこどもが なりたいものは
2. インドでいちばん おおがねもちは
3. インドへいったら あいたいひとは
ラジャ ラジャ マハラジャー
F G7 C
あーかいかざりの ぞうげのばしゃで
ぎーんのくじゃくの はねからとった
きーんのてんまど おおきくあけて
ラジャ ラジャ マハラジャー
Am Caug/G♯ C/G D
きたからー みなみへー ぎょうれつ つれてー
ゆめからー さめないー くすりを のんでー
つきからー ほしからー ひかりを あつめー

17
Am
Caug/G♯
Am7/G
G7
おきさき さがしに ゆくそうなー
せんねん ながいき するそうなー
おしろの ランプに するそうなー
21
C
F G C
まあ！ まあ！
ラジャラジャマハラジャー
25
F G C
1.2.
3.
F G C
ラジャラジャマハラジャー
ー
ー
ラジャラジャマハラジャ
29
F G C
AmM7
ー
ラジャラジャマハラジャー

ニャニュニョの てんきよほう

●作詞／小黒恵子 ●作曲／宇野誠一郎 ●編曲／井上勝義

♩=116
1. ね ね ネ コ が ね ナ ニヌ ネノ シッ ポ をた てた ら い いて んき ニャン
2. ね ね ネ コ が ね ナ ニヌ ネノ つ め をと いだ ら く もり です ニャン
3. ね ね ネ コ が ね ナ ニヌ ネノ か お をあ らう と あ めが ふる ニャン
ニャ ニュニョ ニャニュニョ の て んき よほう あ がり めま わり め ニャンコ のめ
ニャ ニュニョ ニャニュニョ の て んき よほう ひ かる めま るい め ニャンコ のめ
ニャ ニュニョ ニャニュニョ の て んき よほう あ おい めギョ ーロ め ニャンコ のめ
ニャ ー ー ー オ オ オー ー ニャーオ ン ニャーオン
ミャ ー ー ー ー ア アー ン ミャーン
ニャ ー ー ー ー ア アー

ぼくの ミックスジュース

●作詞／五味太郎　●作曲／渋谷　毅　●編曲／井上勝義

♩=136
1. おはようさんの おおごえと キラキラキラの おひさまと それにゆうべの こわいゆめ みんなミキサーに ぶちこんで あさは ミックスジュース ミックスジュース ミックスジュース こいつをググッと のみほせば きょうはいいこと あるかもね
2. ともだちなかよし うたごえと スカッとはれた おおぞらと それにけんかの べそっかき みんなミキサーに ぶちこんで ひるは ミックスジュース ミックスジュース ミックスジュース こいつをググッと のみほせば なんでもかんでも いいちょうし
3. あのねーそれでねの おはなしと ほんわかおふろの いいきもちと それにひざっこぞうの すりきずを みんなミキサーに ぶちこんで よるは ミックスジュース ミックスジュース ミックスジュース こいつをググッと のみほせば あとはぐっすり ゆめのなか

せんろは つづくよ どこまでも

●作詞／佐木　敏　●アメリカ民謡　●編曲／井上勝義

♩= 120
G C A7 D Am D G
mf
5
f
G C Adim G
1.せ ん ろ は つ づ く よ ど こ ま で も
2.せ ん ろ は う た う よ い つ ま で も
9
A7 D
3
の を こ え や ま こ え た に こ え て
れー っ しゃ の ひ び き を お い か け て

13
D7 G C B
はるかなまち まで ぼくたち の
リズムにあわ せて ぼくたち も
17
C G A7 G
mf
たのしいたび のゆめ つないで る
たのしいたび のうた うたおう よ
ランラランララ ラ
22
C A D C D G D G
mf
ランラランララ ラ ランラランララ ラ ラララ ランラランララ ラ
26
C A D D7
1. G 2. G
ランラランララ ラ ランラランララ ラ ランランラン ランランラン

きょうの ひは さようなら

●作詞・作曲／金子詔一　●編曲／井上勝義

♩=100
mf
Gm C7 F B♭m
F F B♭ F C7
F Dm Gm C
mp
1. いつまでも たえることなく ともだちでいよう
2. そらをとぶ とりのーように じゆうーに いきる
3. しんじあう よろこーびーを たいせつにしよう

13
mf
F B♭ F A7
あ す の ひ を ゆ ー め み ー
きょ う の ひ は さ よ う な ー
きょ う の ひ は さ よ う な ー
17
Dm Gm Gm7 C F
て き ぼ う の み ち を
ら ま た あ う ひ ま で
ら ま た あ う ひ ま で
21
1.2.
3.
Gm Gm7 C
ま た あ う ひ ま
25
F B♭m F
で

アイスクリームの うた（原調 変ロ長調）

●作詞／さとう よしみ　●作曲／服部公一　●編曲／井上勝義

♩= 116
C Gm C Gm C Gm C G C
mp
mp
1.お と ぎ ば なし の
2.お と ぎ ば なし の
G C D♯dim G7
mf
おうじ でも む か し は と て も た べら れない ア イ ス ク リー ム ア イ
おうじょ でも む か し は と て も た べら れない ア イ ス ク リー ム ア イ
Am G7 C G G7
mp
ス ク リ ー ム ぼ 3 く は お うじ では ない け れど ア イ ス ク リー ムを
ス ク リ ー ム わ た し は お うじょ では ない け れど ア イ ス ク リー ムを
C D♯dim G7
mf
め しあ が る ス プー ン ー で すくって ぴちゃちゃ ちゃ し た に ー のせる と
め しあ が る ス プー ン ー で すくって ぴちゃちゃ ちゃ し た に ー のせる と
C6 C A7 Dm G C G7
ト ロ ン ト ロ の ど を お ん が く た い が と お り ま
ト ロ ン ト ロ の ど を お ん が く た い が と お り ま

C G7 C D7 G D7
す プ カ プ ー カドン ドン つ めた いね ル ラ ル ー ラル ー ラ
す プ カ プ ー カドン ドン つ めた いね ル ラ ル ー ラル ー ラ
G E7 Am Dm7-5 D7
あ ま いね チ ー タ カ タッ タッ タッ お いし いね ア イ ス ク ー リ ー ム は
あ ま いね チ ー タ カ タッ タッ タッ お いし いね ア イ ス ク ー リ ー ム は
1. 2.
G7 G7 C G
た のし いね た のし いね お と ぎ ば なし の おう じ でも む か
G7 C D♯dim G7
し は と ても た べら れない ア イ ス ク リー ム ア イ
A7 G7 F♯m7-5 G7 C
ス ク リ ー ム

ジャガイモジャガー

●作詞／小黒恵子　●作曲／中山　竜　●編曲／井上勝義

♩=126
C　F　F♯dim　G　C
1
f
5 G
tr
C　G
1. ぼ く の あ だ な は ジャガイモジャガ ー
2. ぼ く は わ ん ぱ く ジャガイモジャガ ー
3. ぼ く は げ ん き な ジャガイモジャガ ー
9
C　C7　F　F♯dim
い た ず ら や ん ちゃ で まるっこい ティーシャツパンツは どろんこだけど
は や ー ね は や お き くいしんぼう いつでもひざっこぞう まっくろだけど
で ん ぐ り が え し は にんじゃなみ まんがやテレビが だいすきだけど
13 G　G7　C　Gaug　C　F
か け っ こ さ せ れ ば だれよりはやい ヘイ やせいのジャガーに まけないぞ
き の ぼ り あ そ び は モンキーなみさ ヘイ みんなでジャングル はしろうよ
やっぱーりやきゅうが おとくいなのさ ヘイ バットーをにぎれば ホームラン

17
G7 C C7 F G7
To
ジャガジャガジャガイモジャガ ー オー ジャガジャガジャガジャガジャガ ー ー ジャガ イ モ ジャ ガ
1. 2.
21
C C
ー ー
3.
tr
25
G C
ー
D.S.
29
C C7 F G G7
ー オー ジャガジャガジャガジャガジャガ ー ー ジャガ イ モ ジャ ガ
33
C
ー

てのひらを たいように

●作詞／やなせたかし　●作曲／いずみたく　●編曲／井上勝義

♩=126
E♭ B♭ B♭7 E♭
mf
Fm B♭ E♭ B♭ E♭
1. ぼくらはみんな いきている いきているから うたうんだ
2. ぼくらはみんな いきている いきているから わらうんだ
Fm B♭ E♭ B♭ E♭
ぼくらはみんな いきている いきているから かなしいんだ
ぼくらはみんな いきている いきているから うれしいんだ

13
A♭ E♭ Fm B♭7 E♭ G7
て のひらを たいように すかしてみ れ ば
17
Cm E♭ F F7 B♭
まっ か に なが れる ぼくのちし お
みみず
とんぼ
21
E♭ Fm B♭ E♭ C7
だっ て おけら だっ て あめんぼだっ て
だっ て かえる だっ て みつばちだっ て
25
Fm E♭ B♭7 E♭ B♭ E♭
みんなみんな いきているんだ ともだちな ん だ

はなび

●作詞／井上 赳 ●作曲／下総皖一 ●編曲／井上勝義

♩=96
B♭ F7
B♭ F
1.ドン と なっ た は な び だ き れ い だ な
2.ドン と なっ た な ん びゃ く あ か い ほ し
B♭ E♭ B♭/D E♭ F
そ ら い っ ぱ ー い に ひ ろ が っ た
い ち ど に か わ っ て あ お い ほ し
B♭ E♭ F F7 B♭
し ー だ れ や な ー ぎ が ひ ろ が っ た
もう い ち ど か わ ー っ て き ん の ほ し

とんでったバナナ

●作詞／片岡　輝　●作曲／桜井　順　●編曲／井上勝義

うみの そこには あおい うち

●作詞／立原えりか　●作曲／湯山　昭　●編曲／井上勝義

♩=96
Gm7/F C7 C7+5 F Bb F F7/Eb D7 Gm C7 F F7 Bb D7 Gm C7 F
1. うみの そこには あおいうち さーかな つくりが すんでいた まいにち まいにち おさかなを いくつも いくつも つくってた
2. とおいうみには しろいしま かいがら つくりが すんでいた まいにち まいにち おかいがらを たくさん たくさん つくってた
3. はしれ はーしれ ぼくのふね かもめが ないてる みなとみた よーるに ならない くにをみた くじらは ぶんぶん うたってた

おばけに なろう

●作詞／片岡 輝 ●作曲／越部信義 ●編曲／井上勝義

♩= 128
Dm Fdim A7 A9/B A7/C♯ A7 Dm
f
5 mf
Dm Gm
1. おばけになろう おばけになれば
くらいとこだってさ さびしいとこだってさ
2. おばけになろう おばけになれば
うみのそこだってさ かーべのなかだってさ
9 mp
Dm A Dm
こわいものなしさ ズビズビズビズバダ
おばけになれーば へいきのへーいざさ
そらだってとべるぞ ズビズビズビズバダ
おばけになれーば どこだっていけるんだぞ
13 mp
Dm Gm/B♭ Fdim Asus4 A7 Dm
f
おばけになろう おばけになろう こいつはーゆかいだ

ちいさい あき みつけた

●作詞／サトウハチロー　●作曲／中田喜直　●編曲／井上勝義

a tempo
poco rit.
1.～3.
だれかさんが だれかさんが
だれかさんが みつけた
ちいさいあき ちいさいあき
ちいさいあき みつけた
めかくしおにさん
おへやはきたむき
むかしのむかしの
てのなるほうへ
くもりのガラス
かざみのとりの
すましたおみみに
うつろなめのいろ
ぼやけたとさかに
かすかにしみた
とかしたミルク
はぜのはひとつ

13
mf
Em D G C B Em
mp
To ⊕
よんでるくちぶえ もずのこえ
わずかなすきから あきのかぜ
はぜのはあかくて いりひいろ
ちいさいあき ちいさいあき
16
Em7 Em7+5 Am B Em
1.
B
ちいさいあき みつけた
19
2.
Em Em7/D CM7 C B
f
D.S.
⊕
Em B Em
poco rit.
ちいさいあき みつけた
22
a tempo
B Em

ちきゅうは みんなの ものなんだ

●作詞／山川啓介　●作曲／いずみたく　●編曲／井上勝義

♩=138
C Em/C F6/D C/E F C/F Dm/F F G G7 C
f
mf
CM7 C6 C Dm Dm7 G7
1. さあ み み を す ま し て ご らー んー
2. さあ み ん な で こ え を あ わー せー
Dm C/E F G C C7
mp
い き て る も の は み ん な う たっー て る よ お ん な じ
い き て る よ ろ こ びー を う たー お う よ ち っ ちゃ な
F A Dm G C Dm C/E F C
う たー をー い っ しょ に う たー おうー コー ラ ス を は じ
あ りー もー お お き な ぞ うー もー な か よ く う た

G7/D G7 C * mp Dm
19
め よ う ひ と もと り も む し もケ モノ も は な も さ か な
お う よ き み もすず め も とん ぼ もゴ リラ も ば ら も く じ ら
24
3
G7 C F G
も も みんなおんなじちきゅうにいきてるなかまだーよー
29
C C7 F A7 Dm7 G7 C CM7 Dm7 C/E
なんだっーてー きょうだいーさー ちきゅうはみ
34
F G C F/G G C
んなのものなんーだー

＊曲の始めからのパートと、＊印から始めるパートに分かれて、同時にうたうときれいにハモってかっこいいよ！

さんぽ

●作詞／中川李枝子　●作曲／久石　譲　●編曲／井上勝義

♩=120
Dm7 G Em7 Am Dm G7 C
f
G C Am Dm7 G7
あるこう　あるこう　わたしは　げんき
F Em7 A7 Em7 G7 C
あるくの　だいすき　どんどん　いこう
Fm C/E Dm G7 C
mp
さかみちー　トンネルー　くさっぱらー
みつばちー　ぶんぶんー　はなばたけー
きつねもー　たぬきもー　でておいでー

Am Em7 F D G
17
いっぽん ばしに ー ー でこぼこじゃりみ ち
ひなたに とかげ ー ー へびは ひ る ね
たんけん しよう ー ー はやしの おくま で
21
C Em7 F G7
1.2.
C
くもの すくぐって ー くだ り み ち
ばった がとんーで ー まが り み ち
ともだ ちたくさん ー うれ し い
3.
C Em7 F G7
25
な ともだ ちたくさん ー うれ し い
C C
29
な

そらで えんそくしてみたい

●作詞／悠木一政　●作曲／早川史郎　●編曲／井上勝義

♩= 126
Gm7 C9 C7 F FM7
mf
F Am B♭ F/A G7 C
mp
1. あ お い お そ ら は ー ぼ く ら の は らっ ぱ ー
2. ゆう や け お そ ら は ー わ た し の お し ろ ー
3. よ る の お そ ら は ー み ん な の ベ ッ ド ー
F F7 B♭ B♭m G7 C7 F
mf
く も の バ ス に のっ て ー ぶ る る ん ぶ るん るん ー
く も の じゅ う たん ふん で ー ふ か ふ か ふ かっ か ー
く も の き しゃ に のっ て ー しゅ ぽ ぽ ぽ しゅ ぽっ ぽ ー

13
Gm7/F
C7
F
Gm
かみなりさんたち こんにちは そんな そん
おひめさまたち こんばんは そんな そん
おほしさまたち おやすみね そんな そん
16
D7
Gm7
f
C9
C7
な そらでえんそく してみた
な そらでえんそく してみた
な そらのえんそく おわりで
19
1.2.
3.
F
FM7
F
rit.
い
い
す

あおい そらに えを かこう

●作詞／一樹和美　●作曲／上柴はじめ　●編曲／井上勝義

♩=120
D C D D7 G A7 F♯m B7
mf
Em A7 F♯m Bm Em F♯m G A D G D
あ
G A9/G F♯m B7 Em7 A7 D
f
(1)
(2.3)
お い そ ら に え をか こ う お お き な お お き な ふ ね あ
ろ い く も の マ ス ト に は い ーっ ぱ い い っ ぱ い か ぜ ひ
し のラン プ に ひ が と も る ち い さ な ち い さ な ゆ め な

13
G A9/G F♯m Bm Em7 A7 D
のふねにのってしゅっぱつだぼくらのしまへあし
こうきぐーものかじとってぼくらのしまへあし
がーれぼーしをおいかけてもうすぐあしたへぼく
17
Bm F♯m B7 Em A7 D D7
たはエイ！ヤァ！あしたはエイ！ヤァ！あしたはぼくらのせかーいだあし
たはエイ！ヤァ！あしたはエイ！ヤァ！あしたはぼくらのせかーいだあし
らのエイ！ヤァ！ぼくらのエイ！ヤァ！ぼくらのせかいにとうちゃくだぼく
21
G G♯dim D/A B7 Em7 A7
1.2.
D G/D D D7
たはエイ！ヤァ！あしたはエイ！ヤァ！ぼくらのせかいーーだし
たはエイ！ヤァ！あしたはエイ！ヤァ！ぼくらのせかいーーだほ
らのエイ！ヤァ！ぼくらのエイ！ヤァ！せかいにとうちゃーく
25
3.
D G/D D Em F♯m G A B♭ C9 D
だ

ジグザグおさんぽ

●作詞／高見 映 ●作曲／越部信義 ●編曲／井上勝義

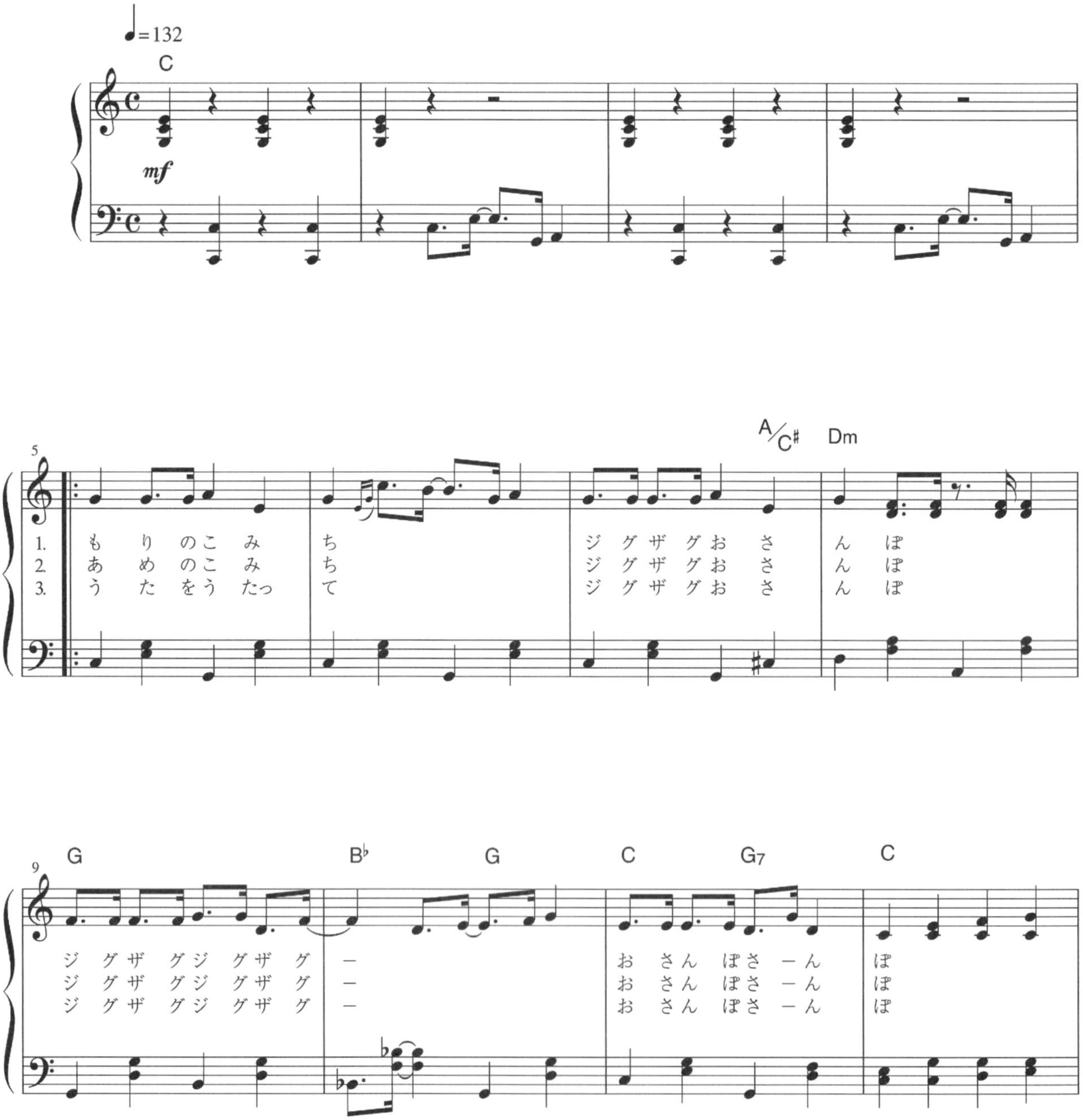
♩=132
C
mf
5
A/C♯ Dm
1. も り のこ み ち ジ グ ザ グ お さ ん ぽ
2. あ め のこ み ち ジ グ ザ グ お さ ん ぽ
3. う た をう たっ て ジ グ ザ グ お さ ん ぽ
9
G B♭ G C G7 C
ジ グ ザ グ ジ グ ザ グ ー お さ ん ぽ さ ー ん ぽ
ジ グ ザ グ ジ グ ザ グ ー お さ ん ぽ さ ー ん ぽ
ジ グ ザ グ ジ グ ザ グ ー お さ ん ぽ さ ー ん ぽ

13
F Em7 A7 Dm G7 C
い し け ーり し な が ーら あ る こ う か な ー
み ず た まり と び こ えて み よ う ーか な ー
シャバ ダバ ダ バダ シャバ ダバ ダ バダ デュ デュ デュ ワ デュ ワ ー
17
F Em7 Am D7
あ の い し ね らっ て ー (セーノ) (カラブリ！)
おっ こち な い よ う に ー (セーノ) (しっぱい！)
シャバ ダバ シャバ ダバ シャ バ ダ バ ー (パパヤパヤパパヤパヤ) (パヤパヤ・・・・・・)
21
G C A/C♯
も り のこ み ち
あ め のこ み ち
う た をう たっ て
ジ グザ グお さ
25
Dm G B♭ G C G7
ん ぽ ジ グザ グジ グザ グ ー お さん ぽさ ーん

29
C Am Dm G7
ぽ さ ん ぽ ー さ ん ぽ
33
G
1.2.
C6 C Am C Am
ジ グザ グお さん ぽ シャ ララ ラー シャ ララ ラー
37
C Am B♭ G C Am C Am
シャ ララ ラー ラ ラ ー シャ ララ ラー シャ ララ ラー
41
C F G9 C
3.
C6 CM7
シャ ララ ラー ララ ラ ぽ

ゆうやけ こやけ

●作詞／中村雨紅　●作曲／草川　信　●編曲／井上勝義

♩＝84
1. ゆう やけ
2. こど もが
こやけで ひがくれて やまのおてらの かねがな
かえった あとからは まるい おおきな おつきさ
る おーてて つないで みなかえろう からすと
ま ことりが ゆめをー みるころは そらには
いっしょに かえりま しょう し
きらきら きんのほ

ちいさな このみ（小さな木の実）

●作詞／海野洋司　●作曲／ビゼー　●編曲／井上勝義

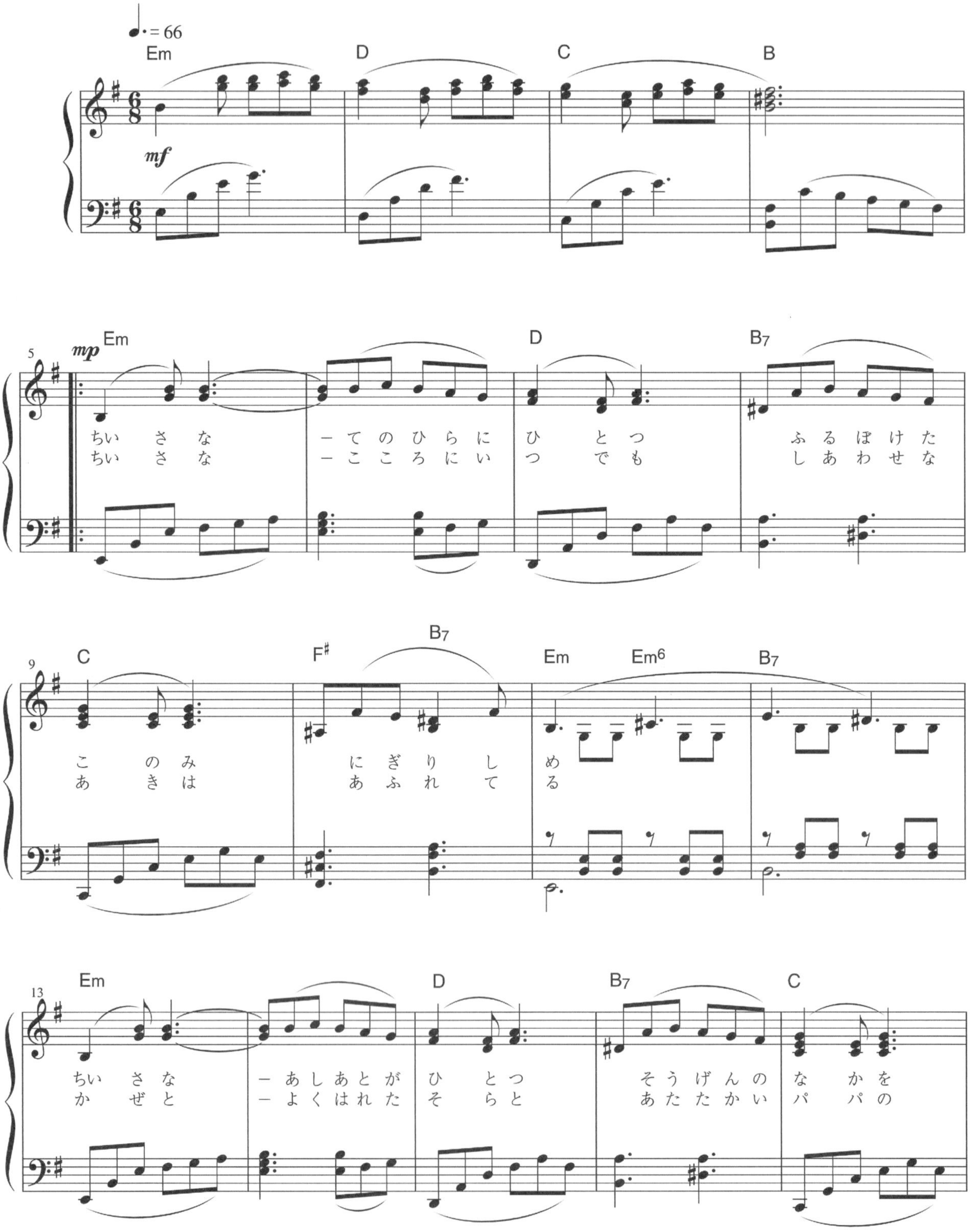
♩. = 66
Em D C B
mf
mp
Em D B7
ちい さ な ーてのひらに ひ と つ ふるぼけた
ちい さ な ーこころにい つ で も しあわせな
C F♯ B7 Em Em6 B7
こ の み に ぎ り し め
あ き は あ ふ れ て る
Em D B7 C
ちい さ な ーあしあとが ひ と つ そうげんの な か を
か ぜ と ーよくはれた そ ら と あたたかい パ パ の

18
F♯ B7 Em Am Em D7 G
f
かけてゆ く パパと ーふたりでひ
おもいで と ぼうや ーつよくいき
23
D7 B7 Em Am B
ろ った たいせつな こ のみ にぎりーし め
る んだ ひろいこの せ かい おまえのも の
28
Em D B7
mp
ー こ とし ーまたあきの お かを しょうねんは
ー こ とし ーまたあきが く ると このみはさ
33
F♯ B7 Em Am Em
ひ とり ーかけて ゆ く
さ やく パパのこと ば

むらまつり

●文部省唱歌　●編曲／井上勝義

1. むらのちんじゅのかみさまの
2. としもほうねんまんさくで
3. みのりのあーきにかみさまの
きょうはめでたいおまつりび
むらはそうでのおおまつり
めぐみたたえるむらまつり
ドンドンヒャララドンヒャララ ドンドンヒャララドンヒャララ
ドンドンヒャララドンヒャララ ドンドンヒャララドンヒャララ
ドンドンヒャララドンヒャララ ドンドンヒャララドンヒャララ
あさからきこえるふえたいこ
よるまでにぎわうみやのもり
きいてもこころが
いさみたつ

あきの こびと オータムタム

●作詞／井出隆夫　●作曲／福田和禾子　●編曲／井上勝義

♩=96
mf
mp
1. あきのこ び と オータムタムー (オータムタムー)
2. あきのこ び と オータムタムー (オータムタムー)
3. あきのこ び と オータムタムー (オータムタムー)
すすきの ほうきで オータムタムー (オータムタムー)
まっかな ペンキで オータムタムー (オータムタムー)
こおろぎ あつめて オータムタムー (オータムタムー)
p
そらのおそうじ オータムタムー (オータムタムー)
リンゴにおけしょう オータムタムー (オータムタムー)
うたのおけいこ オータムタムー (オータムタムー)
そらはまっさお あんなにきれ い
たべてしまうの なんだかおし い
なぜかちょっぴり さみしくなっ た
1.2.
3.
rit.

まっかな あき

●作詞／薩摩　忠　●作曲／小林秀雄　●編曲／井上勝義

♩=100
F F7 B♭ C7 F
mf
5
Gm/B♭ C7 F Gm/B♭ C7 F Gm/B♭ C7
mp mf
1. まっ か だ な まっ か だ な つ た の はっ ぱ が まっ か だ な
2. まっ か だ な まっ か だ な か ら す うり っ て まっ か だ な
3. まっ か だ な まっ か だ な ひ が ん ばな っ て まっ か だ な
9
F B♭ F/C C7 F C
mp
も み ぢ の はっ ぱ も まっ か だ な し ー ず む ゆ う ー ひ に
と ん ぼ の せな か も まっ か だ な ゆ ー う や け ぐ ー も を
と お く の たき び も まっ か だ な お ー み や の と り い を

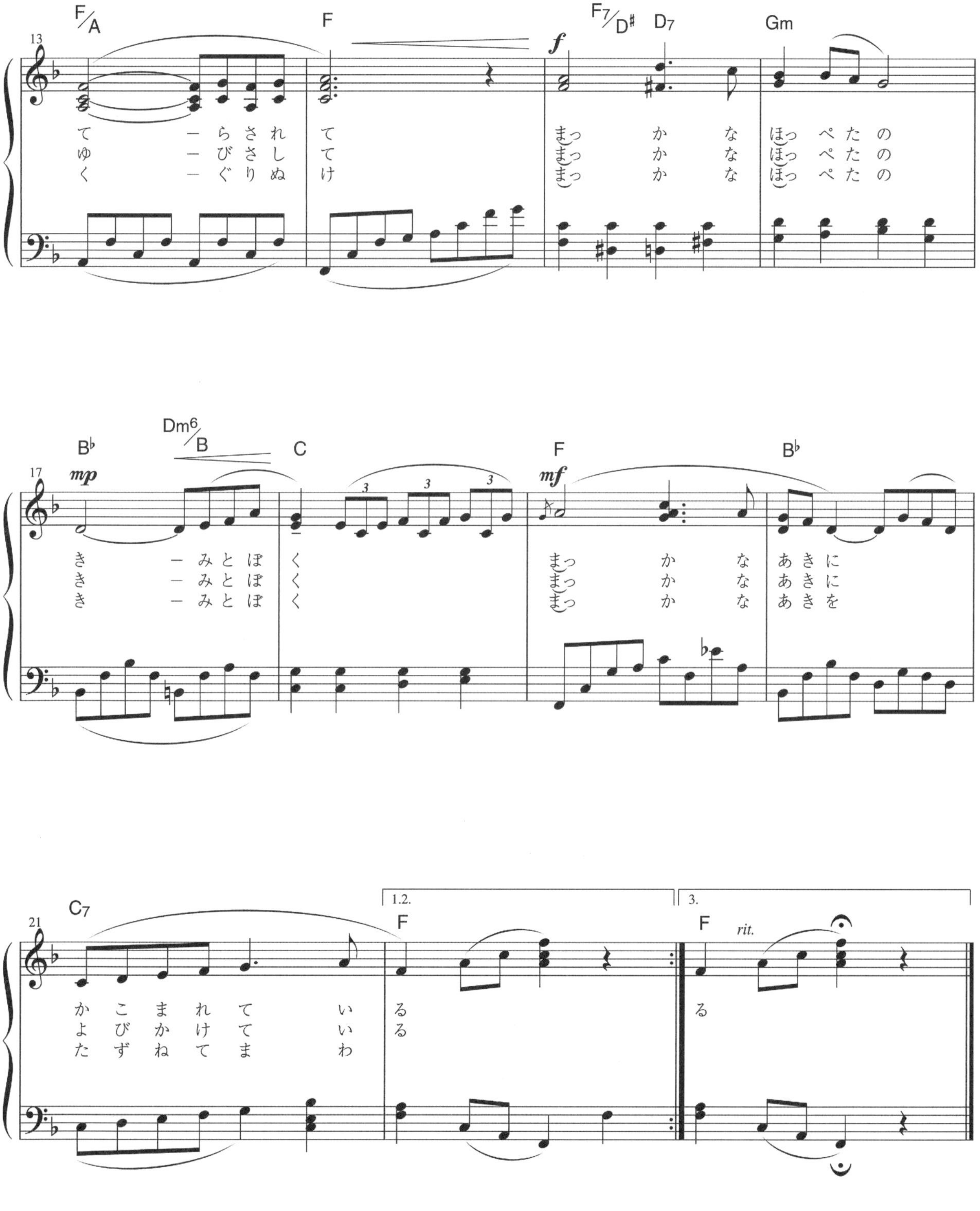

13
F/A F F7/D♯ D7 Gm
f
て ー ら さ れ て まっ か な ほっ ぺ た の
てゆ ー び さ し てて まっ かか なな ほっ ぺぺ たた のの
く ー ぐ り ぬ け まっ か な ほっ ぺ た の
17
B♭ Dm6/B C F B♭
mp mf
き ー み と ぼ く まっ か な あ き に
きき ー み と ぼ くく まっ かか なな あ き に
き ー み と ぼ く まっ か な あ き を
21
C7 F F
1.2. 3. rit.
か こ ま れ て い る る
よ び か け て いい る
た ず ね て ま わ

あさ いちばん はやいのは

●作詞／阪田寛夫　●作曲／越部信義　●編曲／井上勝義

♩=132
G7
mf
C6
4
mf
E♭dim
G
あ さい ちば ん は やい のは パ ン や ー のおじ さん
そ のつ ーぎ は ぎゅ うにゅ うやさん め が ね ー のにい さん
ま だま ーー だ は やい のは し ん ぶん ー のはいたつ
あ さい ちば ん お そい のは ぼ く ん ち のにい さん
8
G7
Dm
G7
C
あー せか ーい て あ かい か お
カー チャカ チャカ チャ じ てん しゃで
キュー ーキュ キュキュ と し ごい て は
たー たこ うー が ゆ すろ う が

11
E♭dim
しろいこーな
ぎゅーうにゅうを
はーいちょうかん
ぐーうぐーう
1.2.3.
F G7 C
こねる
くばる
おはよう
G7
ヨイコラショ
カチャカチャ
キュキュキュキュ
C
ヨイコラショ
カチャカチャ
キュキュキュキュ
15
4.
F G7 C
ねてる
グー フンガフンガ
グー フンガフンガ
グー フンガフンガ
19
グー フンガフンガ
G7
C

ともだち さんか（友達讃歌）

●作詞／阪田寛夫　●アメリカ民謡　●編曲／井上勝義

♩=116
B♭
D7 Gm
Cm F7
B♭
f
mf
B♭7
E♭
1. ひとりとひとりが うでくめば たちまちだれでも なかよしさ
2. ロービンフッドに トムソーヤ みーんなぼくらの なかまだぞ
3. せかいのともだち あつまれば なんにもおそれる ことはない
やあやあみなさん こんにちは みんなであくしゅ
おひげをはやした おじさんも むかしはこども
ゆくてはアフリカ ポリネシア みーどりのもり
そらにはおひさま あしもとにちきゅう

17
D7 Gm Gm7/F Cm F7
1.2.
B♭
みー んなみん なあ つ ま れ み ん な で う た え
3.
21
B♭ E♭6 Cm7 F7 B♭ E♭6 Cm7 F7
え イ チ ニ みん な で う た え ワン トゥ みん な で う た
25
B♭ E♭6 Cm7 F7 B♭ E♭6 Cm7
え アイン ツバイ みん な で う た え ウノ ドス みん な で
29
F7 B♭ E♭ B♭
3 3
う た え

あかおにと あおおにの タンゴ

●作詞／加藤　直　●作曲／福田和禾子　●編曲／井上勝義

♩=120
F7sus4
mp
f C7
Fm
C7
Fm
mp
1. あきかぜの　わすれもの
2. あきかぜの　わすれもの
B♭m　C　Fm
ゆうやけ　ピーヒャララ　こんもり　ふかーい
よぞらに　ドンドコショ　しんしん　くらーい
B♭m　C　B♭m　B♭m7　Cm
f
やまおーくにー　かぜにのってー　とどい
やまおーくにー　やまびこどんどこ　とどい

17
Fm Cm7 Fm Cm7 Fm
た ー ー ー ー
た ー ー ー ー
Bm
mf
つ の つ の いっ ぽん
20
あ か お に どん
Fm
つ の つ の に ほん
あ お お に どん
23
B♭m Cm D♭ B♭m7
p
こ こ ろ う ー か れ て
こ こ ろ う ー か れ て
C B♭m7/D♭ C
f
お ど り だ す ー
27
Fm
mf
つ き の ひ と み
C
ロン ロン ロン ロン

30
C
C7
Fm
B♭m
f
だんだらつの
ツン ツン ツン ツン
ああ
よるはいま
34
Fm/C
1.
C7
Fm
B♭m
おどってる
ゆめごこち
タンゴのリズム
ム
38
Fm/C
C7
Fm
C
2.
C
タンゴの
42
7
C9
C7
Fm
C7
Fm
リ
ズ
ム

さとの あき

●作詞／斎藤信夫　●作曲／海沼　実　●編曲／井上勝義

♩=88
F B♭ F/A Dm Am/F Gm7/F F C C7 F F B♭ F
mf mp mf
1. しずかーなー
2. あかるーいー
3. さよなーらー
B♭ F/A B♭ F/A Dm C F B♭ F B♭ F/A
mp mf
しずかな さとのあーき おせどーにー きのみの
あかるい ほしのそーら なきなーきー よがもの
さよなら やしのしーま おふねーにー ゆられて
B♭/F F/C C7 F B♭6 C7 F B♭ Dm
mp mf
おちるーよ はは ああかあ さんーと ただふたー
おわたるーよ はは ああとう さんーの あのえがー
かえらーれ る ああとう さんーよ ごぶじでー
C7 B♭ F/A F/C C♯dim Dm B♭ F/C Dm G/B C7
1.2. F 3. F rit.
り くりのみー にてーます いろーりばー たす
おくりのみー たべーては おもーいだー す
と こんやもー かあーさんと いのーりまー

サンタが まちに やってくる

SANTA CLAUS IS COMIN' TO TOWN

Words by Haven Gillespie
Music by J. Fred Coots
●日本語詞／新田宣夫　●編曲／井上勝義

♩= 152
C Am Dm G C Am Dm7 G
mf
さ
5
mf
C C7 F E♭dim C A7 Dm Fm6/C
あ なた か ー ら
メ リークリスマス
わ たし か ら
メ リークリ スマス
9
C Am Dm G7 C Am Dm G
サン タ クロー スィー ズ
カ ミン トゥ
タウン
ね

13
C C7 F E♭dim C A7 Dm Fm6/C
き こ え て く るで しょ す ずの ね が す ぐ そ こに
17
C Am Dm G7 C F F♯dim C
f
サン タ クロー スィーズ カ ミン トゥ タウン クリ
21
C7 F C7 F
ス マ ス イ ヴ を ゆ び お り か ぞ え た おさ
25
D7 C E7 Am D7 G Gaug
な い お も い で も こ よ い な つ か し さ

29
mf
C C7 F E♭dim C A7 Dm Fm6/C
あ な た か ー ら メ リークリスマス わ た し か ら メ リークリ スマス
33
C Am Dm G7 C Am Dm7 G7
サン タ クロー スィーズ カ ミン トゥ タウン
37
C Am Dm G7 C Am Dm7 G7
サン タ クロー スィーズ カ ミン トゥ タウン
41
C Am Dm Fdim/G C Cdim Dm7 Cdim C
f
サン タ クロー スィーズ カ ミン トゥ タウン

こいするニワトリ（恋するニワトリ）

●作詞・作曲／谷山浩子　●編曲／井上勝義

♩= 94
1. はれたあさのー ニワトリは げんきがー ないーの ゴメンナサイ
2. やねのうえにー よびかける わたしはー ここーよ ここここよ
3. あのひとりっぱなー かざみどり わたしはー ちいさーい ニワトリよ
4. たびにでるのはー ツバメたち おけしょうー するのーは ジュウシマツ
トサカサカサカー さかだちしても かなわぬおかたに こいをーしたココ
だけどあのひとー こっちをみても すぐにむきをかえる くるくーるとココ
かいがらたべてもー てつにはなれず かいがらはじける むねのーなかココ
にわにわニワトリー おもいをこめて ひとりでタマゴを うみまーしたココ
ココココーココーココーココココ こいはーこいは こい
ココココーココーココーココココ こいはーこいは こい
ココココーココーココーココココ こいはーこいは こい
ココココーココーココーココココ こいはーこいは
こい

ふゆの よるの おはなし

●作詞／河野睦子　●作曲／加藤達雄　●編曲／井上勝義

♩=100
C11 C7 F Gm7 C7
mf mp
とおいとおい そらのした ふしぎのもりが
F D7 Gm G7 C11 C7
ありました ふしぎのもりの まんなかに くまのかぞくが すんでます
♩=126
C7 F B♭ F
mf
あさひがキラキラ のぼるころ
おひさまニコニコ ピクニック
そらにはまんまる おつきさま
Gm C7 F D7 Gm
f
まどからパンやく いいにおい ぼうやはげんきに とびおきて
ともだちみんなで でかけます きいちごつみつみ あるきます
ぼうやはぐっすり ゆめのなか ぼうやのだいじな ぼうしには

19
Gm/B♭ F/C C7 F F Gm
パパのとなりに すわりますまあ る いおおきな テーブルに
かごにいっぱい おべんとうみん な でかけっこ おにごっこ
もりでみつけた とりのはねおや す みなさいと ママのこえ
23
C7 F D7 1.2. Gm G♯dim
スープがみっつ おいしそう ふしぎのもりの くまさんは
ことりもはなも うたってる ふしぎのもりの くまさんの
はるはそこまで きています ふしぎのもりの
27
F/A Gm/B♭ C7 F 3. Gm G♯dim F/A Gm/B♭
きれいなあさが おきにいり くまさんは しずかなよるで
ゆかいなごごは つづきます
31
C7 F Gm C7 F
おわります

ちきゅうともだち

●作詞／吉沢久美子　●作曲／有澤孝紀　●編曲／井上勝義

♩=126
C Em F G7 C Em F G7 C Em
mf
F G B♭ F G C Dm7/C
mp
だーれかがー てをさし
だーれかがー はしりだ
Em/B Am F C Dm7/C
ーだ せば ー みんなー つながったよ ー
ーし たら ー みんなー おいかけたよ ー
G7 C Dm7/C Em/B Am
どーんなに ー せのびし ーた って ー み
どーんなに ー いそいで ーみ ても ー な

21
F C F/C Gm7 C7 F G7/F
mf
え な い ー く ら い なが く ー き っ と こ の
か な か ー お い つ かな い ー き っ と こ の
こ の
26
Em7 Am Dm G7 Gm7 C7 F G7/F Em7 Am
ちきゅう と ー お なじ あ ー つ さ で ー ラ ラ い ま うちゅう は ー
ちきゅう と ー お なじ は ー や さ で ー ラ ラ き み も ぼ く も ー
ちきゅう と ー お なじ あ ー つ さ で ー ラ ラ い ま うちゅう は ー
31
F A7 G Am E/G♯ Am Caug/A♭ C/G
f
い き て い ー る ん だ ー おおき な ー そ ら に ー う た う アイラヴユ
ま わ っ て い る ん だ ー おおき な ー そ ら に ー う た う アイラヴユ
い き て い ー る ん だ ー おおき な ー そ ら に ー う た う アイラヴユ
36
Cdim F C Dm7 G7 To Coda 1. C F C F
ー きょう も あ す も ず っと み ー らい も ー
ー きょう も あ す も ず っと み ー らい も ー
ー きょう も あ す も ず っと み ー らい も
41
2. C B♭/C Coda C Fm Fm6 C
ー ー き っ と ー
D.S.

たきび

●作詞／巽　聖歌　●作曲／渡辺　茂　●編曲／井上勝義

♩=100
F D♯dim Em7 Am Am6/F♯ G7 C C/E F C/E C
mf mp
1. かきねの
2. さざんか
3. こがらし
6
C/E F C/E C Am Am6/F♯ G7 C F
かきねの まがりかど たきびだ たきびだ
さざんか さいたみち たきびだ たきびだ
こがらし さむいみち たきびだ たきびだ
11
C/G G7 C G C
mp
おちばたき ああ たろうか あたろう
おちばたき ああ たろうか あたろう
おちばたき ああ たろうか あたろう
16
F D♯dim Em7 Am Am6/F♯ G7
mf mp
1.2. C
3. C
よ きたかぜ ぴいぷう ふいてい る
よ しもやけ おてて が もうかゆ い
よ そうだん しな がら あるいて く

きたかぜこぞうの かんたろう

●作詞／井出隆夫　●作曲／福田和禾子　●編曲／井上勝義

♩=112
Gm7 C7 F F6 FM7 F6
mf
きた かぜー
B♭6 F/A Gm Gm7 Am
こぞう ーの かんた ろう
ことしもー まちまーで やってきた
くちぶえー ふきふーき ひとりたび
でんしんー ばしらーも ないている
B♭ f Gm7 mf Am7
ヒュー ンヒュー ン ヒュルルーン ルンルンルンルンー
ふゆで
さむう
ゆきで
B♭ mp C7 F6 1.2. FM7 F6 3. FM7
ござんーす ヒュルル ルルル ルンー きた ー

メトロポリタン美術館《ミュージアム》

●作詞・作曲／大貫妙子　●編曲／井上勝義

♩=112
E♭M7 E♭6 E♭ E♭6 E♭M7 E♭6 E♭ D E♭ D
mf mp
1. だ い り せ き の だ い の う
2. エ ジ プ ト で は ファ ラ オ ね
E♭ C7 Fm C♯dim Fm B♭ B♭+5
え で て ん し の ぞ う さ さ や い た
む る い し の ふ と ん に く る ま っ て
E♭ D E♭ D E♭ C7 Fm C♯dim
よ る に な る と こ こ は ひ え る き み の ふ
よ ん で み て も ご せ ん ね ん の ゆ め を い
Fm A♭9 B♭7 E♭ Fm Gm C7
く を か し て く れ る? タ イ ム ト ラ ベ ル は た の し
ま も み つ づ け て る タ イ ム ト ラ ベ ル は た の し
タ イ ム ト ラ ベ ル は た の し

To ⊕
Fm Gm A♭M7 B♭7 E♭M7 Fm7 Gm C7 Fm B♭7
メトロポリタン ミュージアム あかいくつしたで よければ かたっぽーあげ
メトロポリタン ミュージアム めざましーどけい ーここに かけておーくか
メトロポリタン ミュージアム だいすきーなーえ のなかに とじこめーられ
1. 2.
E♭M7 E♭6 E♭/B♭ E♭6 E♭M7 E♭6 E♭/B♭ E♭ Fm7 B♭7 Gm7 Cm
る ら バイオリンの ケースー
Fm7 B♭7 Gm7 C7 Fm B♭7 E♭ B♭/D Cm F7 B♭7
トランペットの ケースー トランクがわりにして しゅっぱつだー
D.S.
⊕
E♭M7 E♭6 E♭/B♭ E♭6 E♭M7 E♭6 E♭/B♭ B♭7 E♭ E♭M7
た

クラリネットを こわしちゃった

●作詞／石井好子　●フランス民謡　●編曲／井上勝義

♩=132
F D Gm C7
f
F C F C
1. ぼくのだ いすきな クラ リ
2. ドとレと ミのおと が で
C7 F C7 F F7/E♭
ネッ ト パパから もらった クラ リ ネッ ト とって も
な い ドとレと ミのおと が で な い とって も
パ パ も
D Gm C7/E C/E C7/B♭ C6 C F
だいじに して たの に こわれて でないお と があ
だいじに して たの に こわれて でないお と があ
だいじに して たの に みーつけ られたら おこ られ

25
F/A C7/G F F/A C7/G F
るるる どう し よ (コラ！) どう し よ (コラ！) オ パ キャマラ ド
31
D Gm C7
To ⊕
パ キャマラ ド パ オ パ オ パ パ パ オ パ キャマラ ド パ キャマラ ド パ オ パ オ
37
F C F C
パ ド と レ と ミ と ファ と ソ と ラ と シ の お と が で
43
F C7 F C7 F
な い ド と レ と ミ と ファ と ソ と ラ と シ の お と が で な い
D.S.
⊕
50
F C F
パ オ パ

ゆうひが せなかを おしてくる

●作詞／阪田寛夫　●作曲／山本直純　●編曲／井上勝義

♩=100
D F♯m B9 B Em A DM7 D6/A
p mf mp
5
D Bm Em A7 D Bm Em F♯ Bm A
p
1. ゆう ひがせなかを おしてくる まっかなう でで おしてくる
2. ゆう ひがせなかを おしてくる そんなにお すな あわてるな
3. ゆう ひがせなかを おしてくる でっかいう でで おしてくる
9
D Bm Em A7 D Bm F♯m Bm A
あ るく ぼくらの うしろから でっかいこ えで よびかける
く るり ふりむき たいように ぼくらもま けず どなるんだ
あ くしゅしようか わかれみち ぼくらはう たう たいようと

D F♯m G Em11 A
mf
さよなら さよなら さよなら きみたち
さよなら さよなら さよなら たいよう
さよなら さよなら さよなら きょうのひ
D F♯m B7 B Em A Bm
f
1.2.
ばんごはんが まってるぞ あしたのあさ ねすごすな
ばんごはんが まってるぞ あしたのあさ ねすごすな
ずてきな いいひだね あしたのあさ
Bm A D F♯m B9 B
3.
f
またあおう さよなら きょうのひ
Em A7 D DM7
rit.
さようなーら

かぜも ゆきも ともだちだ

FROSTY THE SNOWMAN　Words & Music by Steve Nelson, Jack Rollins
●編曲／井上勝義

𝅗𝅥=92
mf
F F♯dim C/G Am Dm G C
F D♯dim C/E F D♯dim
1. ふ け よ か ぜ く ち ぶ え ふ い て ヒュ ル ルン ルン ルン ルン
2. ふ れ よ ゆ き つ も れ よ し ろ く トゥ ラ ラン ラン ラン ラン
C/E Am Dm G7 Em7 Dm7 G7 C
ル ルン ルン か れ き を ゆ す れ ぼ く た ち も く ち
ラ ラン ラン は や し に お か に ぼ く た ち も う た
F D♯dim C/E F D♯dim C/E Am Dm G7
ぶ え ふ い て ヒュ ル ルン ルン ルン ルン ル ルン ルン あ つ ま る ひ ろ
ご え た か く トゥ ラ ラン ラン ラン ラン ラ ラン ラン あ つ ま る ひ ろ

21
C C7 F E♭dim Em A7 Dm G C A
ば たこあげ なわとび ボールな げ さあ
ば ゆきなげ ゆきぞり ゆきだる ま
26
D D7 G G7+5 C
いっしょに あそぼうララ リンロンランルン ロン (ワーイ) ふけよ
ふれよ
31
F D♯dim C/E F D♯dim C/E Am Dm7 G
かぜ つめたかないぞ きみらとぼくたちはともだちなん
ゆき
1. 2.
37
C C
だ だ ヒュルルンルン ルン ヒュルルンルン ルン ふけかぜ
42
G C D7 G7 C
よ トゥラランラン ラン トゥラランラン ラン ふれーよゆき よ

しっぽの きもち

●作詞・作曲／谷山浩子　●編曲／井上勝義

♩=138
1. なりたいーものは　たくさんーあるけーど
2. そよかぜーふいて　わたしをーさそうーの
3. だけどねーすこし　みじかいーきがすーる
4. あなたがーわらう　しっぽもーわらうーよ
いちばん　なりたい　ものは　きまーってるー　それは
ボークと　あそぼう　ダメよ　いかなーいわー　わたし
こーれじゃ　あなたの　かおが　みえなーいよー　わたし
あなたが　ふりむく　しっぽ　もふりーむくー　わたし
しっぽしっぽ　しっぽよー　あなたーのー　しっぽよー
しっぽしっぽ　しっぽよー　あなたーのー　しっぽよー
しっぽしっぽ　しっぽよー　あなたーのー　しっぽよー
しっぽしっぽ　しっぽよー　あなたーの

17 Dm G G7 Em A
1.2.3. Dm G7 C
スキという かわりにー しっぽがゆれるの
スキという かわりにー しっぽがゆれるの
あなたが にしを むーけばー しっぽはひがしよ
がんばる わたし まけないー
4. 21 Dm G7 C F G7 G9 C F G7 G9
しっぽのきもちよ しっぽしっぽ しっぽよー あなたーのー
25 C Am Dm G G7 Em7 A7 Dm G7 C
しっぽよー スキという かわりにー しっぽがゆれるの
29 F G7 G9 C F G7 G9
しっぽしっぽ しっぽよー あなたーのー
32 C Am D7 G7 C
しっぽよー

ゆきまつり

●作詞・作曲／みなみらんぼう　●編曲／井上勝義

♩=100
G A7 D Bm Em F♯m G F♯m
こがらし
Bm Em
の とどかな い ゆきのな か あなほっ
に ねこやな ぎ ひをかこ み なべかこ
Bm
て こども の ゆきまつ り もちくっ
み こども の ゆきまつ り やまおろ
Em Bm F♯ Bm
て まめくっ て あ せばむほ どに さわぎたて
し にげてゆ く ゆ うびんやさんが やってきた

D G D F# Bm
はるはまだかと ふえふーけば おどりだす ゆきうさぎ はるをす
はなのたよりは まだでーすか かざはなに キラキラと はるがほ
Em F#m Bm A G A7
ぐら つれてこい ランラン ラララ
ら のぞいてる
D Bm G A7 D Bm
ラランラランラ ララン ランラン ラララ ラランラランラララン
1. Em F#m G F#m
かみだな
2. Em F#m G F#m Bm F#m Bm

まっくらもりの うた

●作詞・作曲／谷山浩子　●編曲／井上勝義

♩=72
mp
Am6/E　Em　B7　Em
C　Bm7　Am7　D　G　Am7 G　G7　C　Bm7
CM7　B7sus4　B　Em　Am　D　G
1. ひ かりー の な かでー　み え な い も のがー　や みのー ー な かにー　う か ん で み え るー　まっ くらも り の　やみのなか で は き
2. さ かなー は そ らにー　こ と り は み ずにー　た まごー が は ねてー　か が み が う た うー　まっ くらも り は　ふしぎなと こ ろ あ
3. み みをー す ま せばー　な に も き こ えずー　と けいー を み ればー　さ か さ ま ま わ りー　まっ くらも り は　こころのめ い ろ は
4. ど こにー ー あ るかー　み ん な し っ てるー　ど こにー ー あ るかー　だ れ も し ら な いー　まっ くらも り は　うごきつづ け る ち

11
Am Em
1.3.
B Em
2.
B Em
のうはあしたー
さからずっとー
やいはおそいー
かくてとおいー
まっくらくらい くらい
まっくらくらい くらい
まっくらくらい くらい
14
CM7 Bm7 Am7 Bm7
17
E
4.
B7 Em Am Em
まっくらくらい くらい ち
かくてとおいー
20
B7 Em Bm7 E
まっくらくらい くらい

ヤンチャリカ

●作詞／阿久　悠　●作曲／小林亜星　●編曲／井上勝義

♩=138
Cm Fm G Cm
f
mf
Gaug Cm Fm Caug Fm
1. ヤンチャク チャボー　ズ　ヤン　チャリ カ　ヤンチャクチャボー　ズ　ヤン　チャリ カ
2. ヤンチャク チャボー　ズ　ヤン　チャリ カ　ヤンチャクチャボー　ズ　ヤン　チャリ カ
G G7 Cm B♭
ヤンチャク チャボー　ズ　ヤ　ン　チャ　リ　カ　いう　こ と き か な い
ヤンチャク チャボー　ズ　ヤ　ン　チャ　リ　カ　らく　が き さ ら さ ら
E♭ B♭ E♭ B♭ E♭ B♭ E♭ G
ヤン　チャリ カ　ご は ん を た べ な い　ヤン　チャリ カ　べん　きょう や ら な い
ヤン　チャリ カ　お も ちゃ は バ ラ バ ラ　ヤン　チャリ カ　こい　ぬ は ポ カ ポ カ

Cm G Cm7 Fm A♭/E♭ Dm7 G
f
ヤン チャリ カ どろんこふかない ヤン チャリ カ
ヤン チャリ カ いたずらニコニコ ヤン チャリ カ
Cm G Cm
イチ ニー サン シー ニー ニッ サン サン ニ サン シー シー ニッ サン
イチ ニー サン シー ニー ニッ サン サン ニ サン シー シー ニッ サン
Fm Fm7 Cm G Cm G7 Cm
ゴー ニッ サン シー ロク ニッ サン シチ ニッ サン シー ハチ ニッ サン
ゴー ニッ サン シー ロク ニッ サン シチ ニッ サン シー ハチ ニッ サン
G Cm 1. 2. Cm G Cm
ヤン チャ リ カ ー ー
ヤン チャ リ カ

おもいでの アルバム

●作詞／増子とし　●作曲／本多鉄麿　●編曲／井上勝義

♩.＝66
1. いつのことだか
2. はるのことです
3. なつのことです
4. あきのことです
5. ふゆのことです
6. いちねんじゅうを
おもいだしてごらん あんなこと こんなこと あったでしょう ー
1. うれしかったこと おもしろかったこと いつになっても わーすれない ー
2. ぽかぽかおにわで なかよくあそんだ きれいなはなも さーいてい たー
3. むぎわらぼうしで みんなはだかんぼ おふねもみたよ すーなやま もー
4. どんぐりやまの ハイキング ラーララ あかいはっぱも とーんでい たー
5. もみのきかざって メリークリスマス サンタのおじさん わーらって たー
6. もものおはなも きれいにさいて もうすぐみんなは いーちねん せいー

うれしい ひなまつり

●作詞／サトウハチロー　●作曲／河村光陽　●編曲／井上勝義

♩= 96
(琴を弾くように)
1. あかりをつけましょ ぼんぼりに おはなをあげましょ もものはな ごにんばやしの ふえたいこ きょうはたのしい ひなまつり
2. おだいりさまと おひなさま ふたりならんで すましがお およめにいらした ねえさまに よくにたかんじょの しろいかお
3. きーんのびょうぶに うつるひを かすかにゆする はるのかぜ すこししろざけ めされたか あかいおかおの うだいじん
4. きものをきかえて おびしめて きょうはわたしも はれすがた はるのやよいの このよきひ なによりうれしい ひなまつり

だれかが ほしを みていた

●作詞／新沢としひこ　●作曲／中川ひろたか　●編曲／井上勝義

♩.=84
mf
Dm G7 C D♯dim Dm G7
ア
C CM7 C6 Gm7 A
フ リ カ の ほ し を み て ぞ う た ち は そ
ん きょ く の ほ し を み て ぺ ン ギ ン は そ
っ ぽ ん の ほ し を み て ぽ く た ち は そ
mp
Dm Dm7-5 C A7
To ⊕
だ ー っ た く さ は ら に ね こ ろ ん で な
だ ー っ た ひょ う ざ ん に ね こ ろ ん で な
だ ー っ た も の ほ し に ね こ ろ ん で な
1. 2.
mf
Dm D7 G7 Dm G7 C
が れ ぼ し を み て た な
が れ ぼ し を み て た

14
Dm7 G7 Dm7 G7 C D♯dim
mf
いつでも ほしはあったー だれかがほしをみ
17
Dm G7 E7 Am
f
ていたー すぎてゆくーと きのながれ ほ
20
D D7 G7 Dm G7
しだけがしってい る に がれぼしを みて
D.S.
23
C A7 Dm G7 C A7 Dm7
た な がれぼしをみて た な がれぼし
27
G7 G7+5 G Am Dm G11 G7 CM7
をみて た

フリーダム（オペラ"はだかのおうさま"より）

●作詞・作曲／井上勝義

♩= 112
D Bm Em D/A A7
mf
D F#m/B Bm F#m/B D F#m/B Bm F#m/B F#m
mp mf
1. いつも みんなの きもちがー いつも ぼくの きもちさ みんな が どうおもっ
2. いつも だれかの きもちをー いつも ぼくは きにして あんま り じゆうにい
1. 2.
Bm Em Em7 Asus4 A7 Em7 A7 D
てるかー ーそれだ けが きがか りさ ー きもちにーなれな い
きてるー ーそんな
E♭6 D E♭ D
mf
どんなにきにして も すべ ておなじにはなら ない

19
E♭6 D E♭ E♭6 B♭/D B♭6/D C
cresc.
どんなにかんがえ てもー あわ しきれな い
23
A7 D D7 B7 Em E♭aug
mf
いつもおもいの まま きもちのおもむく
ひとのめをきに せず ほんとにやりたい
27
G/D C♯7 D F♯m 1. G E Asus4 A
f
まま じぶんにしょうじき に いき てみようよ
こと じぶんをしんーじ て いき
32
2. G A7 D Gm6/D D Gm6/D D
3 3 3
ていこうーよ

きみを のせて

●作詞／宮崎　駿　●作曲／久石　譲　●編曲／井上勝義

♩=104
Am Em C B7 Em
p mp
あ の
Bm/D C G/B Am Em
mf
ち へ い せ ん か が や く の は ど こ か に き み を か く し
F♯ B7 Em Bm/D C
mp
て い る か ら た く さ ん の ひ が なつ か し い の
G/B Am Em C B Em
mf
は あ の ど れー か ひ と つ に き み が い る か ら さ あ

22
G D Em Bm
でかけよう ひときれのパン
26
C D7 G/B Am Bsus4 B7
ナイフランプかばんにつめこんで とう
31
Em D/F♯ G Am D G B7
f
さんがのこしたーあついおーも いかあ
35
Em D/F♯ G Am B7 Em
p
さんがくれたーあのまなーざし ちきゅうはまわ
40
Bm C G/B Am Em
るきみをかくして かがやくひとみ きらめ

F♯ B7 Em Bm C
く ともし び ちきゅう はまわ る きみ をのせ
G/B Am Em C B7 Em
1.
て い つかきーっと であうー ぼくらをのせ て
CM7 G CM7
f
Am B7
とう
2.
Em Dm C
て
B♭m7 B♭m9
rit.
A

ともだちは いいもんだ

●作詞／岩谷時子　●作曲／三木たかし　●編曲／井上勝義

♩=82
A♭ Fm D♭ D♭/E♭ E♭7
とも
A♭ E♭7/B♭ A♭/C Cm Fm G Cm F7
だちはいいもんだ　めとめでものがいえるんだー　こまっ
だちはいいもんだ　いいたいことがいえるんだー　かなし
B♭ E♭7 A♭ Cm/G Fm D♭ E♭ E♭7
たときはちからをかそう　えんりょはー　いらないー　いつ
いときははげましあおう　こころはー　ひとつさー　おと
A♭ A♭aug D♭M7 D♭m6
でもー　どこでもー　きみをみてるよ　あい
なにー　なってもー　わすれはしない　ゆめ

17
A♭ F B♭m7 E♭7 A♭ D♭
をこころにー きみとあるこうー
をだいじにー きみとすすもうー
21
A♭ E♭7 A♭ B♭m E♭7
みんなはひとりのために
ひとりはみんなの
25
A♭ F7 B♭m C7+5 E♭7
ために
みんなはひとりのために
ひとりのため
29
A♭ D♭
に
1.
A♭ E♭sus4 E♭
p
とも
2.
A♭

転調のヒント

メドレーの間奏のヒント

　生活発表会のための選曲は毎年先生方を悩ませるわけですが、この曲集で一年を通じてうたってきた曲を四季ごとに４曲選んで、一番もしくは二番までを、それぞれメドレーすると、たいそう聞き映えのする演目になります。実際にうたってきた曲を発表するのですから、それは正しい意味での生活発表会となるわけです。ところが曲それぞれが違う調の場合が多く、また同じ調では単調になるので、じょうずに間奏を考えて転調していかなくてはなりません。この転調の相談をよく受けますので、ヒントとして書いておきましょう。

手順は

①前の曲の後奏は、なしか、短くする。
②次の曲の調のドミナントの和音を探す。
③その和音を弾き伸ばしてから、次の曲の前奏に入る。

ドミナントとは

　その曲の調のトニック（主音、Ⅰの和音）の５度上の音、またはそれを主音としたⅠの和音のことです。
　例えばハ長調ならドがトニックで、ド、レ、ミ、ファ、ソと五つ目がドミナントです。ですからソを主音とするⅠの和音は、ソ・シ・レ（G）ですね。このように探します。

(例)ハ長調→ニ長調の場合

　ニ長調はニ：すなわちレが主音ですから、レ、ミ、♯ファ、ソ、ラでラがドミナントです。ですからラを主音とするⅠの和音ラ・♯ド・ミ(A)となります。
　この和音を曲の間に弾き伸ばしてから、おもむろに次の曲の前奏を始めればよいのです、簡単でしょう。このヒントをうまく活用して、じょうずにメドレーを考えてくださいね。

本書の特長

1 すべて新しい編曲

新しい曲も古い曲も、すべて新しく編曲してあります。保育者が簡単に弾けるようにではなく、子どもが生き生きと弾むために必要なリズム、和声から成っています。

ピアノの特性が生きる、解放の左手に密集の右手という構成で編曲してあるので、ドミソがミドソという開放感あふれる構成を持ち、メロディーが生きています。ピアノで鳴らしてみれば、すぐに違いがわかります。

2 美しい和声

どの曲も、少しおしゃれな和声で編曲しました。きれいなだけではなく、魅力的なコード進行で、子どもたちがまた聴きたいなと思うような構成にしました。和声が美しいとき、子どもたちは曲のこの部分が好きだなと感じます。そういう環境を与えることもねらいの一つです。そのためにも、とてもきれいに響く編曲になっています。

3 年齢別(3～5歳)12か月5曲ずつの選曲

声域、リズム、歌詞などを総合的に判断し、明快に3･4･5歳別、12か月別にきっちりと分けました。例えば…『さんぽ』は、3歳でうたわせたい歌になることが多いけれども、“わたしは元気”の部分は、リズム･音程･歌詞が複雑に関係するので、ふさわしくない。…といったぐあいです。特に若い保育者は、最初はこの中から選べばいいので、迷うことがありません。

毎月、歌は、3曲程度うたっていくのが環境としてはよいでしょう。

4 メロディーラインが必ず演奏される

よくある簡易伴奏の楽譜にあるような、メロディーとベースラインだけというような楽譜や、コーラス曲集のように伴奏だけでメロディーがないような楽譜では、短い期間で正しく子どもたちを導きにくいので、右手には必ずメロディーラインが鳴るように編曲し、左手と右手のコンビネーションで伴奏を担当するようにしてあります。

5 明快な速度表記

Allegroなどのあいまいな(音楽的には意味が深いが)表記を避けて、数字による明快な速度表記を全曲採用しました。メトロノームを使った練習を助けています。それぞれの曲のビート感をそのテンポに乗せて感じて弾けば、生き生きと響く感じをつかむことができます。

ピアノ伴奏のヒント

1

簡易伴奏楽譜というものがありますが、演奏しやすくするために、音楽の魅力をどんどん捨てて簡単にしてしまっています。加えて、子どもの声の出やすい声域を無視して、簡単な調《ちょう》を選んでいます。また、旋律とベースだけで、がい骨のような演奏を平気でさせる楽譜も多いのです。

2

ピアノが短時間で簡単に弾けるようになる方法なんてありません。しかし練習のやり方しだいで、早く上達することはできます。一つはメトロノームを使うように習慣づけることです。メトロノームに合わせて弾けるということは、子どもたちにも合わせられるということです。

3

ピアノの正式名称をご存じでしょうか？　ピアノ・フォルテと言います。よく略称で *p.f.* と書いてあるのを御覧になったこともあるでしょう。要するに強弱がつけられるということです。しかし皆さんが弾いているのは、*mp*という楽器になっていませんか？　強弱のつきかたが少なすぎるというか、強弱の変化がなさすぎるのです。強弱を支配するのは、右手ではなく左手です。右手のメロディーを大きく変化させるよりも、左手の強弱を意識することで、大きく強弱を支配できます。ぜひ試していただきたいと思います。

4

ペダルの踏み方がわからない人が多いようですが、和音やメロディーがにじまないように頻繁に踏み直しながら数曲弾けば、おのずとつかめるはずです。わからないからといって何もしないままでは、いつまでたってもつかめません。

5

左手を演奏するときに、その曲がどういう弾み方をするかをイメージして、ビート感あふれる演奏を目ざしていただきたいものです。

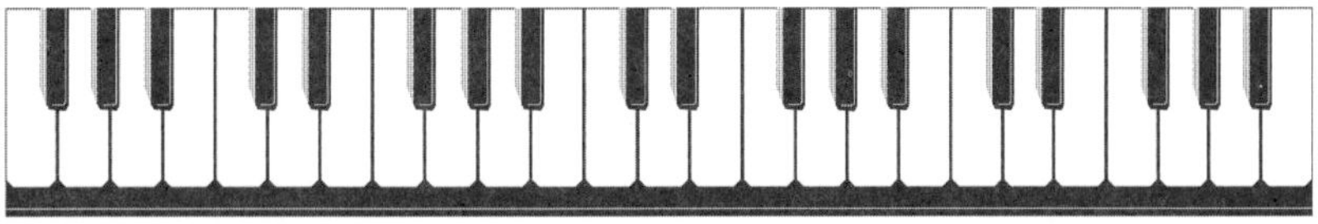

井上式歌唱指導の基本 ～年齢別の音域の理解とともに～

1 幼児の声域の移行と、発声トレーニングを勧める理由

幼児の声域の移行の図（下図）を見てください。幼児は体の成長とともに声帯の筋肉も成長し、しだいに低音が出るようになり、声域も下がっていきます。ただ、高音域は筋肉を縮めることで出る音域なので、訓練をし続け低下しないようにしていけば、当初の高い音域は維持できるのです。図上部の斜線の部分が、毎日発声のトレーニングを重ねていくことで得られる音域であり、歌のクライマックスをつくる、重要で美しい高音域です。

この高音域を維持すれば、どなったり、がなったりといったうたい方から一歩進んで、美しく楽しい歌唱へレベルアップできるのです。

幼児の声域の移行の図

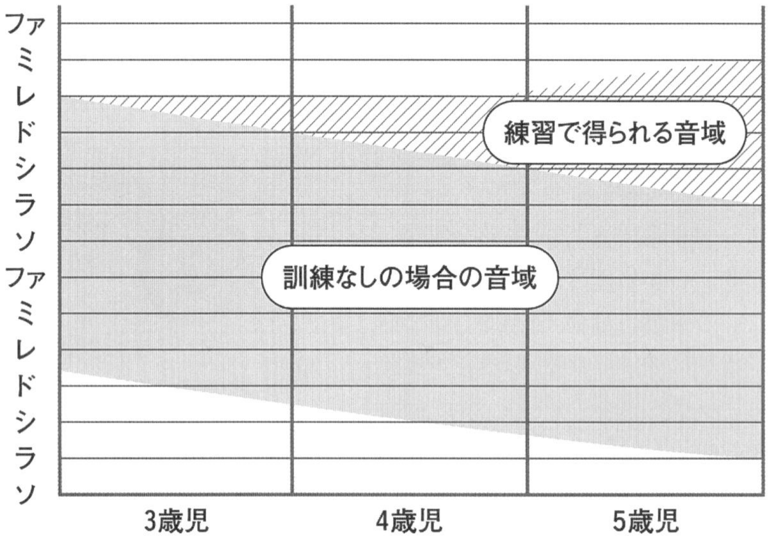

2 伴奏者のためのエリア分け

①の高音域を得るために、毎日発声のトレーニングを２分程度繰り返していくことをお勧めします。ここで大切なのは、“どの音でも同じ体の状態で出せるわけではない”ということです。

エリア分けとして（下図）、低音部はフェルトペンで青く塗っていただきたい部分で、低エネルギーで歌唱するとうまくいく部分です。中音部は黄色のフェルトペンで普通のエネルギー、高音部は赤いフェルトペンで塗り、大きなエネルギーでうたわれなければならない部分です。

声域とエリア分けの図

3 低音部は静かにゆっくり、高音部は明るくリズミカルに

子どもたちにとっては音域とエネルギー量がリンクしており、エネルギー量の変化（下図）を見ていただくと、低音部では“小さな音量”、“暗く、穏やかな表情”、“遅いテンポ”といういくつかの概念が緩やかな結合を持っています。逆に高音部では“大きな音量”、“明るく、激しい表情”“速いテンポ”という概念が結合しています。それを最大限利用しながら、紛《まぎ》れのない環境（楽譜の示すエネルギーの量で、子どもがしぜんにうたおうとする音楽的環境。この音楽的環境では、ピアノの音量、弾いている保育者の表情、体のようすや躍動感、声などがマッチしていることが重要です。例えば、穏やかにうたうところでピアノの音が大きいのは、子どもをとまどわせることになります）をつくり上げていくことを目ざしてほしいものです。少なくとも、低音部で大きな音でピアノを弾くような紛れをつくると、子どもがとまどうことになるので、正しい理解が大切です。

したがってトレーニング曲（268〜269ページ）は、最初は小さな音で静かにゆっくりと始め、高音部に移るにしたがって大きな音量で、明るく、リズムを強く感じて演奏していけばいいのです。

音域とエネルギー量の変化の略図

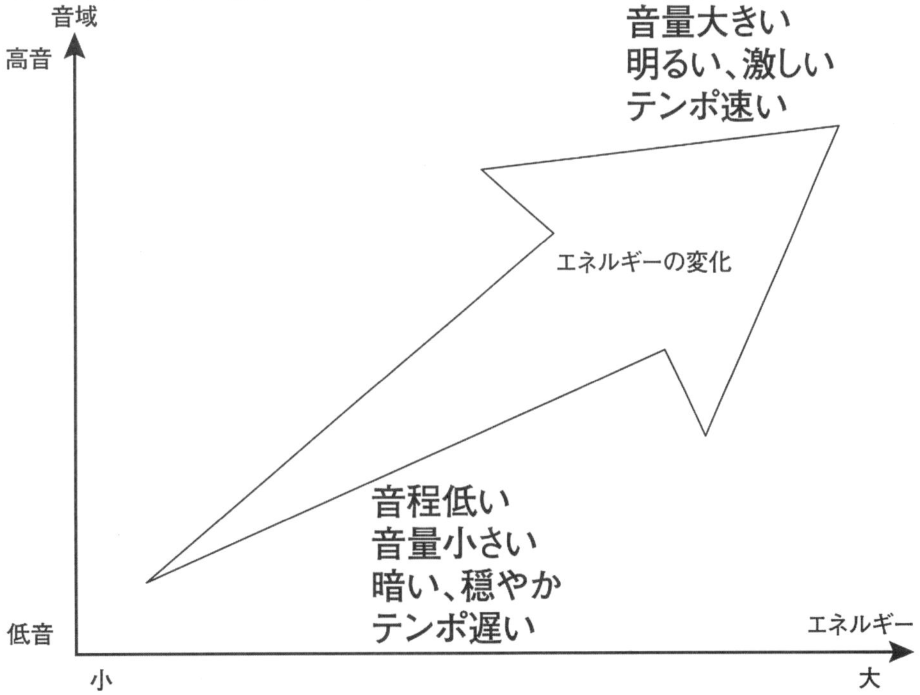
音域
高音
低音
音程高い
音量大きい
明るい、激しい
テンポ速い
エネルギーの変化
音程低い
音量小さい
暗い、穏やか
テンポ遅い
エネルギー
小
大

4 伴奏練習はまず3曲、この本の中からやり切ってみましょう

この曲集でも、フェルトペンでメロディーに色をつけ、その色の示すエネルギー、表情で伴奏をしていけば、子どもはなんの努力もなく導かれるのです。

もちろん最初は容易でありませんが、訓練を重ねれば、何も考えずにかってに体が対応できるようになります。それが訓練というものなのです。よく、何年もがんばらねばと思う人がいるようですが、3曲を真剣にやり切れば、その次の曲から違いが出てくるのです。

なお発声のトレーニングは、268〜269ページの楽譜で行なってください。

井上式 発声のトレーニング

266～267ページの解説を読んでから、この楽譜で実際にやってみましょう。

●作曲／井上勝義

3・4歳はここから始めてください（隣り合う3音の音程を正しく）
ボーカル
ピアノ
ド レ ミ　レ ミ ファ　ミ ファ ソ　ファ ソ ラ　ソ ラ シ　ラ シ ド
（ゆっくり、落ち着いた声で穏やかにスタート）
（ちょっと明るめに）
（ここからがんばりはじめましょう）
シ ド レ　ド シ ド　ド ラ シ ド　シ ソ ラ シ　ラ ファ ソ ラ　ソ ミ ファ ソ
（がんばって。どなってもどなれません。きれいに聞こえてしまいます）
（ここでちょっとブレーキを。どなる子どもが出ます）
（リズム編）
ファ レ ミ ファ　ミ ド レ ミ　レ シ ド レ　ド シ ド　ソ ソ ソ ソ　ラ ラ ラ ラ
（さらにブレーキ）
（穏やかに）
（ゆったりと元に戻る）
（子どもはリズムが大好き。どならないようにやや抑えて）
シ シ シ シ シ　シ ド レ ド シ　ド シ ド　シ シ ラ シ　ラ ソ ファ ソ ラ　ソ ソ ファ ソ
（盛り上げていって）
（開放！　がんばって！）

毎日2分でよいのです。例えば朝、「おはようございます」の後など。朝、声を出す習慣は、身体的にも情緒面でも、良い影響をもたらします。

3歳から始めてください。5歳になってから始めた年長児は、始めて3年目の年長児には勝てません。2年間トレーニングを積み重ねた年長児の歌を聴くと、「やってよかった」と皆さんおっしゃいます。

簡単なことを正確に繰り返すのです。忙しくても、何があっても、やり続けてください。ハメハメハ大王のようにはならずに…。

5歳はここから始めてください（3度飛びの音程の練習）

五十音順さくいん

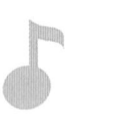

—編著者紹介—

井上　勝義（いのうえ　かつよし）

保育音楽研究家
サウンドバンク代表

1957年神戸市に生まれる。
1979年関西学院大学経済学部卒業。
在学中から吹奏楽部で指揮、全日本コンクールで金賞受賞。同時期に他大学のマンドリンクラブや吹奏楽部など多くの団体を指導。プロのオーケストラ、ヴィエール・フィルに打楽器で参加。指揮を宇宿允人氏に師事。
同年カシオ計算機に入社。楽器部門で営業、開発、指導に当たる。
1988年カシオ計算機を退社、サウンドバンクを設立。
関西の幼稚園保育園の訪問レッスン、作曲編曲に従事。現在に至る。

STAFF

楽譜浄書・版下　㈱福田楽譜
イラスト　田中暎子
編集協力　永井一嘉
企画編集　安藤憲志・佐藤恭子

JASRAC　出 0303214-535
㈱ヤマハミュージックエンタテインメントホールディングス
出版許諾番号：20250338P

年齢別声域配慮版
こどものうた12か月

2003年 4 月　初版発行©
2025年 8 月　第35版発行

編著者　井上　勝義
発行人　岡本　　功
発行所　ひかりのくに株式会社

〒543-0001　大阪市天王寺区上本町3-2-14　郵便振替00920-2-118855
〒175-0082　東京都板橋区高島平6-1-1　郵便振替00150-0-30666
ひかりのくにホームページアドレス　https://www.hikarinokuni.co.jp

印刷所　TOPPAN株式会社
Printed in Japan

ISBN978-4-564-60243-6
NDC376　272p　26×21cm